Melhores Poemas

CORA CORALINA

Direção de Edla van Steen

Melhores Poemas

CORA CORALINA

Seleção de
DARCY FRANÇA DENÓFRIO

© **Vicência Brêtas Tahan, 2004**
4ª Edição, Global Editora, São Paulo 2017
4ª Reimpressão, 2022

Jefferson L. Alves – diretor editorial
Gustavo Henrique Tuna – editor assistente
Flávio Samuel – gerente de produção
Flavia Baggio – coordenadora editorial e revisão
Fernanda Bincoletto – assistente editorial
Eduardo Okuno – projeto gráfico
Emiliano Boccato – foto de capa

CIP-BRASIL. CATALOGAÇÃO NA PUBLICAÇÃO
SINDICATO NACIONAL DOS EDITORES DE LIVROS, RJ

C795m
4.ed.

    Coralina, Cora
    Melhores poemas Cora Coralina / Cora Coralina; seleção Darcy França Denófrio; direção Edla Van Steen. - 4. ed. - São Paulo: Global, 2017.

    ISBN 978-85-260-2375-8

    1. Poesia brasileira. I. Denófrio, Darcy França. II. Steen, Edla Van. III. Título.

17-43787
                                              CDD:869.1
                                  CDU:821.134.3(81)-1

Obra atualizada conforme o
NOVO ACORDO ORTOGRÁFICO DA LÍNGUA PORTUGUESA

Global Editora e Distribuidora Ltda.
Rua Pirapitingui, 111 — Liberdade
CEP 01508-020 — São Paulo — SP
Tel.: (11) 3277-7999
e-mail: global@globaleditora.com.br

(**g**) globaleditora.com.br   (**y**) @globaleditora
(**f**) /globaleditora   (**◉**) @globaleditora
(**▶**) /globaleditora   (**in**) /globaleditora
(**●**) blog.grupoeditorialglobal.com.br

 Direitos reservados.
Colabore com a produção científica e cultural.
Proibida a reprodução total ou parcial desta
obra sem a autorização do editor.

Nº de Catálogo: **2384.POC**

Darcy França Denófrio é poetisa, ensaísta e crítica literária. Mestre em Teoria da Literatura, é professora aposentada da Faculdade de Letras da Universidade Federal de Goiás, em que lecionou Teoria da Literatura, Literatura Brasileira e Língua Portuguesa nos cursos de graduação em Letras. Dedicou trinta anos de sua vida ao ensino, nos quatro níveis, e encerrou sua carreira no magistério superior ministrando Teoria do Poema no Curso de Pós-graduação em Letras e Linguística da UFG. A par da docência, dividiu sua atenção de estudiosa entre as questões metodológicas do ensino do português e a crítica literária. Como autora didática, publicou, em 1970, pela Editora do Brasil, uma coleção composta de três volumes, destinada ao ensino da composição no Ensino Fundamental, e que resultou de seus quinze anos de experiência nessa área, bem como de suas visitas a escolas de primeiro grau da França e da Itália. Estreou na poesia em 1980, com a obra *Voo cego*, seguida de *Amaro mar*, Prêmio Literário Nacional do Instituto Nacional do Livro – 1987 e *Ínvio lado*, Prêmio Jorge de Lima – 2000, da UBE e Academia Carioca de Letras. Com mais de vinte obras publicadas, dedicou-se especialmente ao estudo da literatura goiana, produzindo, entre outros títulos, as coleções *Hidrografia lírica de Goiás* e *Lavra dos goiases*, que vai para o quarto volume. Vem assinando ensaios e artigos de crítica literária em jornais locais e algumas revistas especializadas do País. Em 2006, foi uma das organizadoras do livro *Cora Coralina – celebração da volta* e em 2008 publicou *Poemas de dor & ternura*.

CORA DOS GOIASES

"Este nome não inventei", diria, parodiando as primeiras palavras de Drummond ao apresentar Cora Coralina ao Brasil inteiro, pelo *Jornal do Brasil*, a 27 de dezembro de 1980, portanto há mais de duas décadas. Ele se referia à autora. Nós, ao título.

Por honestidade intelectual, devemos dizer que, apesar de assinar uma coleção denominada *Lavra dos goiases*, foi Oswaldino Marques quem sugeriu este epíteto à poetisa goiana em magnífico ensaio publicado mais de uma vez e antes mesmo de conhecê-la pessoalmente. Esse estudo foi aproveitado como prefácio já na primeira edição de *Poemas dos becos de Goiás e estórias mais*, pela Editora da UFG, em 1978, comparecendo depois em todas as demais edições, incluindo as subsequentes da Global, até o momento. Foram estas as suas palavras: "Assim como Juana de Ibarbourou foi cognominada Juana da América, assim a nação do planalto brasílico deveria, numa festa de consagração nativista, rebatizá-la Cora dos Goiases, o que, ou muito me engano, lhe saberia ao seu mais constelado galardão".

Por considerá-la um verdadeiro símbolo de Goiás, rebatizamo-la com esse título, cumprindo parcialmente o desejo do renomado crítico e professor, expresso há mais de 25 anos. E o fazemos exatamente dentro do espírito daquela nossa coleção que vive de honrar os luminares de nossa literatura goiana e cujo quarto volume sonhava transformar-se numa outra Casa de Cora Coralina. Não podendo laureá-la dessa forma, quis Deus ou o destino que a Global Editora me convidasse para realizar este honroso trabalho. Com ele, saldo pelo menos parte de meu débito com a autora, cuja obra teve o poder de transformá-la em um belo ícone de Goiás, tanto quanto é, para nós, o rio Araguaia.

Difícil foi acomodar os poemas na extensão prevista para esta antologia, que deveria seguir um perfil previamente definido pela Editora. Rebeldes à contenção lírica ou a quaisquer outras constrições, os poemas de Cora Coralina são frequentemente lírico-narrativos e alguns de seus melhores poemas chegam a cobrir dez ou mais páginas. Esta antologia segue um critério cronológico e temático, predominando, excepcionalmente, o segundo sobre o primeiro. Mas, acima de tudo, um critério estético. Sem citar o nome das obras, os poemas aparecem, em cada bloco, com raras exceções, na ordem de publicação dos livros: *Poemas dos becos de Goiás e estórias mais*, *Meu livro de cordel*, *Vintém de cobre: meias confissões de Aninha*. Aliando o tema a expressões recorrentes no texto da autora, criamos as seguintes seções: "Nos reinos de Goiás", "Canto de Aninha", "Criança no meu tempo", "Paraíso perdido", "Entre pedras e flores", "Canto solidário" e "Celebrações".

A primeira seção, "Nos reinos de Goiás", é formada, em sua quase totalidade, de peças extraídas de *Poemas dos becos de Goiás e estórias mais*. As únicas exceções: os três poemas finais, retirados de *Meu livro de cordel* e de *Vintém de cobre*, respectivamente. Nossa intenção foi a de partir daquele universo mais remoto, quase perdido nas regiões da lenda, recobrado, a seu modo, pela memória prodigiosa da autora para, somente depois, alcançar o mais próximo. Neste primeiro segmento, ela olha para fora de si mesma, contemplando um Goiás arcaico (colonial, imperial ou recém-republicano), numa verdadeira atitude épica, de que são exemplos modelares os poemas "Estória do aparelho azul pombinho" e "Do beco da Vila Rica".

A segunda parte, "Canto de Aninha", expressão polivalente, é extraída de *Vintém de cobre*, com uma única exceção, o poema de abertura do bloco, retirado de sua primeira obra editada. Aí a direção do olhar se inverte: a voz lírica perde-se (ou ganha-se?) na contemplação de si mesma, uma vez que agora se trata de um olhar para dentro, rebuscando o seu sofrido e traumático universo interior, para o qual já aponta o primeiro poema, "Minha infância". Após o título, subscreve, entre parênteses, uma propositada alusão ao pai da psicanálise: *freudiana*. O que se vê nesta seção é a menina mal-amada, discriminada, incompreendida, traumatizada. Atentem para ela sobretudo aqueles que sondam as profundezas da alma humana.

Já o terceiro segmento, denominado "Criança no meu tempo", recebe apenas o primeiro e o último texto de *Poemas dos becos de Goiás*. Todos os demais provêm da obra *Vintém de cobre*. Este bloco tem o mérito de desvelar para o leitor a educação de um tempo arcaico, praticada não somente em Goiás, mas também, e certamente, em todo o Brasil provinciano da época, quando a criança não tinha voz nem vez. Ele possibilita um manancial de preciosas informações e inferências, de modo especial, a educadores, sociólogos, psicólogos e psicanalistas. Neste espaço, aparece o único texto em prosa da coletânea, uma crônica desse tempo, incluída na primeira obra poética de Cora Coralina. Mantivemo-la no fecho da seção por sua linguagem repassada de lirismo, não destoante do gênero; também porque sempre integrou, em sucessivas edições, seu livro de poemas de estreia e, sobretudo, por seu contundente depoimento acerca dos direitos da criança naquele tempo.

Exclusivamente da obra *Vintém de cobre* são todos os poemas do quarto bloco, "Paraíso perdido", frase usada pela própria autora numa feliz alusão à fazenda de seu avô, onde a felicidade um dia lhe foi possível. De novo, o seu olhar se dirige para o passado mais remoto e a postura é visivelmente épica. Nesta parte, se veem o modelo patriarcal rural, compatível com o reinado de certa matriarca (sua bisavó, viúva de sesmeiro); a renúncia de uma das filhas ao casamento ("Lei familiar em Goiás"), a fim de "oferecer sua virgindade à Santa Mãe de Jesus,/ ter garantido, seu lugar no céu [...] cuidar dos pais na velhice e reger a casa"; as antigas relações humanas e de trabalho; "os deveres sagrados da hospitalidade" goiana ou sertaneja, enfim, toda uma ética hoje perdida, mas felizmente recuperada por alguém que tinha viva consciência deste dever: "Alguém deve rever, escrever e assinar os autos do Passado/ antes que o Tempo passe tudo a raso".

A quinta subdivisão, "Entre pedras e flores", abriga ostensivamente poemas integrantes de *Meu livro de cordel*, entretanto recebe, ainda, os sete últimos poemas da obra *Vintém de cobre*. Partindo de um universo mais remoto, alcança-se agora o mais próximo, com as marcas de um corpo lírico lanhado, que assume o saldo de sua própria escolha, tentando reverter ou, ao menos, compensar as suas agruras com as flores-poemas. *Pedra e flor*, sobretudo a primeira, são palavras tão reincidentes quanto simbólicas no texto de Cora Coralina. A palavra *pedra*, no singular, no plural ou em formas parassinônimas, comparece 86 vezes em sua obra lírica publicada. Isto sem falar de sua reincidência na prosa, nas entrevistas e em falas gravadas. Chegou a dizer que em sua poesia só havia pedra. Enganam-se os que veem na poesia de Cora Coralina o meramente referencial. De fato, o simbólico, em sua lírica, não foi suficientemente explorado. Quem se enveredou por esse universo foi o professor Saturnino Pesquero Ramón em sua obra *Cora Coralina: o mito de Aninha*, incluída na fortuna crítica.

A sexta seção, "Canto solidário", acolhe poemas de suas três obras poéticas. No entanto, a primeira delas está muito mais presente. São poemas que revelam a profunda preocupação humano-cristã e social da autora. Aquela mesma preocupação com o outro, revelada concretamente em vida, desde quando morava no interior de São Paulo. Seu lírico volta-se para a mulher desvalida; o menor abandonado; o presidiário; o judeu, cujo "débito universal/ jamais" parece esgotar-se; para o contingente humano que lota um navio, largado ao mar, seres humanos banidos pela guerra, sem direito a um porto; enfim, para os desfavorecidos de qualquer ordem. E, até mesmo, para questões ecológicas. Se não é este o ponto mais alto de sua poesia, também não chegam esses poemas a caracterizar o chamado "casamento de conveniência", a que se submeteram certos engajados, e para cujo risco nos alertou Wendel Santos, um dos maiores críticos literários que Goiás já conheceu.

Finalmente, a sétima parte, "Celebrações", abriga, quase em igual medida, peças provindas de *Poemas dos becos de Goiás* e *Meu livro de cordel*, finalizando com dois poemas de *Vintém de cobre*. Depois de fundas agruras, num canto em tom menor, para usar uma linguagem musical, finalmente chegamos a uma tonalidade maior, de celebrações. Cora festeja ou exalta grandes e pequenas coisas: a natureza, o ser humano nela imanente e até mesmo humildes objetos. Principalmente, celebra a terra e o que nela viceja. Aqui se inserem, por exemplo, o louvadíssimo "Poema do milho", repassado de imagens eróticas, o belíssimo "A gleba me transfigura" e "Ode às muletas". Deste último poema, sacrificamos o que nos parecia ostensivamente circunstancial para evidenciar a bela parte que recobra a história e a evolução do objeto, de simples bastão a báculo episcopal. Sem desejar fazê-lo, Cora oferece um espetáculo de sabedoria. Mas, como sempre, nela tudo soa singelo e pode até passar despercebido aos olhos do leitor incauto.

À primeira vista, fato intrigante para um estudioso da obra poética de Cora Coralina é a atualidade de seu discurso literário. Sobretudo se comparada à sua contemporânea Leodegária de Jesus, primeira mulher a publicar livro de poemas em Goiás (*Coroa de lyrios*, 1906 e *Orchídeas*, 1928). Ambas nascidas em 1889, no mesmo mês de agosto (Leodegária no dia oito, Cora no dia vinte), grandes amigas desde a adolescência; confidentes pela vida afora (Leodegária era praticamente a única jovem a frequentar, com assiduidade, a casa de Cora na cidade de Goiás); ambas destacadas ativistas literárias, realizaram, no entanto, uma poesia verdadeiramente antípoda. Além de participarem do Clube Literário Goiano que chegou a ser presidido por Leodegária (conforme se lê em "Velho sobrado", da própria Cora), agremiação que era palco das "tertúlias literárias" da época, as duas também, ainda adolescentes, integraram a equipe de quatro jovens encarregadas de dirigir o jornal literário *A Rosa*, destacando-se a atuação das duas amigas. Fundado em 1907, esse jornal funcionou, à época, como verdadeiro veículo das ideias do movimento literário da cidade de Goiás, segundo Gilberto Mendonça Teles em sua obra de referência, *A poesia em Goiás*.

Não é difícil deduzir por que se tornou diametralmente oposto o código com que cada uma das duas escritoras cifrou o seu discurso literário. Primeiro, Leodegária recebeu uma educação formal refinada, frequentando aulas no Colégio Sant'Ana, chegando mesmo a concluir o Curso Normal, embora impedida de ingressar na Academia de Direito, curso jurídico então recém-criado na cidade de Goiás (sobre o assunto, conferir *Lavra dos goiases III: Leodegária de Jesus*, de nossa autoria. Goiânia: Cânone Editorial, 2001). O famoso Colégio Sant'Ana era dirigido por irmãs francesas e, em seu currículo, figurava o francês. Imitando a capital do País, esta língua era também, nos tempos áureos da cidade de Goiás, ensinada aos interessados por professores particulares. Entre estes, havia um padre que dava aulas à própria mãe de Cora Coralina. Tanto que Gilberto M. Teles não somente informa que o jornal *A Rosa* era impresso em papel cor-de-rosa, e ainda que seus dirigentes ofereciam bailes, a que as moças deviam comparecer vestidas de cor-de-rosa, mas também, e sobretudo, esta nota curiosa: "só se podia falar em francês". Diz ele: "Era o toque do refinamento". E Cora Coralina confirma o hábito vilaboense em um de seus poemas: "Sim, que aquela gente do passado,/ tinha sempre à mão o seu francês".

Não se pode desprezar o fato de que, na primeira década do século XX, houve um movimento editorial extraordinário na cidade de Goiás. Nessa época, por volta dos quinze anos de vida de ambas, enquanto Leodegária já preparava, dentro da clausura da forma, os originais de seu primeiro livro de poemas, Cora Coralina ensaiava contos e crônicas para semanários ou jornais locais. Nesse lapso de tempo, aproximadamente dez obras são publicadas, incluindo a de Leodegária, e esta se cerca de poetas maduros, mentores que, naturalmente, a influenciam com seus códigos anacrônicos. Tanto que a linguagem de Leodegária não dá notícias do Modernismo brasileiro, mesmo quando publica sua segunda obra poética em 1928 (portanto, seis anos depois da Semana de Arte Moderna), quando já residia em Uberlândia-MG. Foi sempre romântica quanto ao fundo e parnasiana quanto à forma. Isto, no entanto, não lhe tira o mérito de ter sido, entre nós, digna precursora dentro da literatura de autoria feminina. No estado de Goiás, com obra publicada, foi a única representante dessa voz durante quase meio século.

Outro destino teve Cora Coralina. Contou apenas com uma professora particular, a louvada Mestra Silvina e, surpreendentemente, com ilustres colegas, a exemplo de Hugo de Carvalho Ramos e de seu irmão Victor de Carvalho Ramos. Estes prosseguiram seus estudos, no entanto Cora Coralina somou apenas dois ou três anos[1] de escola primária, "a única escola de minha vida". Afirma que "foi por essa única escola de uma grande mestra", que chegou à publicação de seus livros. E é à memória daquela que chama de "grande mestra", "Mestra Silvina", que nomeia um de seus poemas, que ela erige também o seu "Cântico excelso". Nele admite: "Foi pela didática paciente da velha mestra que a menina boba da casa, obtusa, do banco das mais atrasadas se desencantou em Cora Coralina". Essa dedicatória na introdução de sua obra lírica, *Vintém de cobre*, merece ser lida na íntegra, por revelar a autodidata em que se tornou, depois, essa mulher extraordinária que foi Cora Coralina e que continua sendo, graças à transcendência alcançada por sua obra.

Se ela frequentou apenas uma escola primária, como teria tão cedo, ao lado de Leodegária de Jesus, alcançado as credenciais para frequentar o Clube Literário Goiano e de se apresentar em saraus, onde, aplaudida declamadora, teria conhecido o homem que alteraria o curso de sua vida? E, principalmente, como chegou a integrar (ainda ao lado de Leodegária que, nos parece, lhe oferecia o passaporte), um grupo de quatro jovens responsáveis pela produção do jornal literário *A Rosa*, muito lido e "veículo das ideias do movimento literário da cidade de Goiás", como já se disse? Por que, à época da revista mensal *A Informação Goiana*, por algum tempo pôde ela colaborar ao lado de Hugo de Carvalho Ramos que se tornou, apesar de sua curta vida de escritor (Hugo morre em 1921), um nome de alcance nacional? Vivendo já no interior de São Paulo, a participação de Cora nessa revista, distribuída em Goiás, todavia fundada e dirigida pelo notável goiano Henrique Silva, no Rio de Janeiro, veiculando matérias de colaboradores que ele julgava "os mais competentes" entre nós, dá-se entre os anos de 1919 e 1924, quando se interrompe bruscamente. Finalmente, para não alongar tanto estas indagações, se frequentou apenas três anos (ou talvez menos) de uma escola primária, de onde viria o seu conheci-

---

1 Não há consenso sobre esta questão. Há livros ou artigos que falam em dois anos e outros, em três. Cora dizia que estudou dois livros, talvez eliminando o ano de alfabetização.

mento de certas teorias, como a de Freud e a de Malthus, de que nos dão notícias seus próprios poemas?

Cora Coralina foi, verdadeiramente, uma jovem especial. Preterida entre as suas irmãs, transformou-se depois, em certo sentido, num cisne. E, exatamente como aquele da história, com o tempo ganhou o seu próprio porte, vestiu-se de suas próprias penas. Estas assumiram, em sua vida, um duplo sentido. Saber, no caso da mulher, e sobretudo naquele tempo, implicava (implica?) certa quota de agrura, além daquelas que a própria vida lhe reservou. Cora leu, muito e sempre, livros e jornais, tornando-se uma autodidata. Mas, sobretudo, Cora Coralina soube ler a vida, dando-lhe conotações próprias. É ela própria quem nos diz em sua poesia: "A minha maior angústia foi superar a minha ignorância". E não é de se admirar que ombreasse com a elite cultural de seu tempo. Jovem, adulta, madura ou anciã foi alguém absolutamente receptiva às informações do mundo que a cercava e que lhe chegavam, ao longo do tempo, por todos os meios de comunicação disponíveis. Seus poemas revelam tanto um passado remoto quanto a atualidade do presente em que se insere. Foi, usando de sua própria expressão, sempre uma "participante".

A ausência de um ensino formal, como aquele ministrado no Colégio Sant'Ana, jamais a prejudicou. Antes, trouxe-lhe benefícios. Seu texto não ganhou aquela rigidez formal que, certamente, teria adquirido no contato com as irmãs francesas. Não houve também censores (ou índex) para suas leituras, não certamente como aqueles dos colégios de freiras, que chegamos a experimentar. Isto deve tê-la ajudado a formar um pensamento livre, verdadeiramente independente. E se tinha "os censores intra e extralar", como afirma, também "seus anseios extravasaram a velha casa. Arrombaram portas e janelas".

Não é de se estranhar, portanto, que um vetor erótico atravesse a obra poética de Cora Coralina, contrariamente ao que se vê na obra de Leodegária, mais regida por Tanatos. Embora alguma vez se dissesse "assexuada" (aqui entra o biográfico, talvez a sua condição de viúva), Eros é uma força onipresente em seu lírico: seja quando observa o reino animal, seja quando contempla o mundo vegetal. Neste sentido, ousou dizer coisas que Leodegária jamais teria dito. Seu poema "O canto de Dorva", de *Meu livro de cordel*, apresenta uma personagem que "estua sexo", um claro exemplo da distância entre as duas. E somente os seus olhos poderiam flagrar daquele modo o "Búzio novo", com suas "flores sexuais" ou aquele "espasmo no bananal". Ou mesmo a "Lésbica lua nascente,/ andrógina lua-luar"; a "Lua grande. Lua genésica/ que marca a fertilidade da fêmea/ e traz o macho para a semeadura". O "Poema do milho", unanimidade entre os críticos como sendo um dos picos líricos mais elevados em Cora Coralina, é todo um espetáculo de imagens eróticas, de uma eficiência e delicadeza jamais vistas neste aquém-Paranaíba. E, dentro de tal clima, a poetisa é capaz de invocar Deus sem nenhum problema. Cora sabia lidar, sem conflitos, com os dois polos antitéticos, próprios do humano: o espiritual e o carnal. Coisa, aliás, muito difícil para mulheres de sua e, até mesmo, de gerações posteriores. O natural era, para ela, sempre puro, o edênico antes da queda. Por isso foi capaz de contemplar os "touros, marruás" na sua integridade, sem os olhos da interdição (ou malícia?) provinda de nossa educação cristã. De contemplá-los sem omitir, por exemplo, como o fez no poema "Evém boiada", "A verga [o pênis]. As glândulas do sexo, enormes, conformadas". Foi capaz de registrar também a conversa dos "homens" no "Pouso de boiadas", homens "que assuntam de mulheres.../ Fêmea. Erotismo de macho./ Palavreado obsceno". E, no canto deles, viu "... o chamado obscuro, sexual". No poema "Rio vermelho" em que ficam as ditas "águas de minha sede", de *Meu livro de cordel*, a voz lírica inclui o que chama "meus sapos cantantes.../ Eróticos, chamando, apelando,/ cobrindo suas gias". Nesse rio, que diz ser também o "líquido amniótico", onde cresceu o feto de sua poesia, afirma: "navegaram meus sonhos". Certamente aquele de "Pescadora, sonhadora/ do peixe-homem". E pescadora de sucesso: "um dia caiu na rede/ meu peixe-homem...". Usa, nesses casos, às vezes uma linguagem reticente, como se estivesse, de modo irônico e à socapa, testando o prurido dos velhos leitores de sua terra, quase sempre preconceituosos. Ela (seus olhos não enganavam) devia calcular a reação desses leitores.

Seu pensamento independente pode ser aferido outras tantas vezes. Embora fosse cristã e leitora da Bíblia, como se infere de seus poemas, alguns de seus versos também revelam que não aceitava passivamente a doutrina. Contesta, por exemplo, a ideia da salvação pelo sofrimento, uma clara herança cristã.

O "Crescei e multiplicai-vos" recebe de sua pena uma preocupação absolutamente contemporânea no poema "A outra face", de sua obra de estreia. Num paralelismo por oposição, entre a doutrina cristã e o pensamento científico, a poetisa fala como um autêntico sociólogo e cita Malthus, levando o leitor a sérias reflexões.

Portanto, é legítimo que essa mulher, que nasceu no século XIX (1889) e conviveu com tantos poetas e prosadores de discursos anacrônicos, mesmo estreando como poetisa aos 76 anos, apresente uma poesia com algumas daquelas inconfundíveis marcas do Modernismo brasileiro. Libertária por temperamento, sua poesia só poderia mesmo assumir este rosto. Jamais tolerou a métrica e, se chegou a usar a rima, não o fez do modo convencional, uma vez que sua alma reclamava mais esta liberdade – a criadora –, carro-chefe da estética de 22. Não é sem razão que parodiou Manuel Bandeira, o moderno de que ela esteve mais próxima, até mesmo na incorporação dos aspectos biográficos, presentes na obra de ambos. Esteve mais próxima exatamente daquele poeta de 22, que soube elevar a prosa coloquial à categoria do literário. Para Bosi, em sua *História concisa da literatura brasileira*, foi Manuel Bandeira o mais feliz incorporador de motivos e termos prosaicos dentro da literatura brasileira. O que Léo Lynce, príncipe dos poetas goianos e precursor do Modernismo em Goiás, fez esporadicamente em sua poesia, Cora Coralina fez sistematicamente entre nós. Com a diferença de que ele o fez em 1928 e ela, somente em 1965. Entretanto, quando Cora estreou, o Modernismo já estava consolidado entre nós, sobretudo com a obra de José Godoy Garcia. A rigor, Cora não seguiu ninguém. Foi mesmo o diamante solitário de que fala Drummond. Neste particular, deve ter ouvido Mário de Andrade que já afirmava no "Prefácio interessantíssimo": "Costumo andar sozinho". E mais: "não quero discípulos. Em arte: escola = imbecilidade de muitos para vaidade dum só".

A poesia de Cora, estreando em 1965 (note-se que faltava apenas a manifestação do Poema Processo, e este, aliás, realizado fora do código linguístico), chegou ao tempo das experimentações que não quis ou não pôde incorporar, e fluiu mansamente dentro do leito das pródigas conquistas já consumadas pelo Modernismo brasileiro. Ela apresenta até mesmo (como o próprio Mário admite para si, sem jamais ter sido um futurista) pontos de contato com Marinetti, talvez por influência da própria obra de Mário de Andrade. Morando no interior de São Paulo, à época da gestação e eclosão do movimento modernista, e como grande leitora que sempre foi, com certeza a poetisa tomou, depois, conhecimento da obra de seus mentores. Ela afirma, e mais de uma vez, que apenas acompanhou o movimento pelos jornais. Quanto aos referidos pontos de contato com Marinetti, em Mário, por exemplo, basta que se tome apenas a primeira linha da terceira estrofe do conhecidíssimo poema "Tietê", onde grassam exemplos daquele processo de palavras em liberdade ou do pensamento sem fio: "Arroubos... Lutas... Setas... Cantigas... Povoar!...". Em Cora Coralina, o processo pode ser flagrado em vários poemas. A começar pelo citadíssimo "Poema do milho", rico em exemplos de palavras em liberdade e, muitas vezes, de uma enumeração nada caótica, terminada sempre com um ponto final, como neste fragmento: "As pragas todas conluiadas./ Carrapicho./ Amargoso./ Picão./ Marianinha./ Cururu-de-espinho./ Pé-de-galinha. Colchão". Esse processo comparece em todo o "Cântico de Andradina", de que citaremos parte da terceira estrofe: "Posse. Vinculação./ Desbravamento./ Lastro./ Variante./ Descrença dos vencidos./ Deserção. E o cântico de fé dos vencedores". Em "Jaboticabal II", basta ver a abertura do poema: "Cafezal./ Canavial./ Algodoal./ Laranjal/ Rosal./ Roseiral./ Cidade das Rosas". À época em que Cora Coralina começou a se tornar conhecida entre nós, um crítico que se iniciava, em Goiás, registrou seu desagrado ante essa técnica então usada pela poetisa, segundo ele, "de palavra, ponto palavra", sem suspeitar de seu ponto de contato com o autor de *Pauliceia desvairada*, que, por sua vez, admitia seu ponto de contato com Marinetti, embora negasse, naturalmente, ser um de seus seguidores. Mário aplaudia Marinetti, dizendo que ele "foi grande quando redescobriu o poder sugestivo, associativo, simbólico, universal, musical da palavra em liberdade". Entretanto reconhecia que essa técnica era "velha como Adão". Para ele, o erro de Marinetti foi fazer dela sistema, quando era "apenas auxiliar poderosíssimo". Que seja apenas intuitivamente, nossa poetisa soube perceber isto.

Contraditoriamente ou não, à época de sua estreia como poetisa, Cora foi muito mais apoiada, em Goiás, pelos jovens que se enveredavam pelas vias da experimentação, ou seja, pela vanguarda goiana daquela época, do que por aqueles que se encontravam em sua faixa de vigência. Na verdade, ela preferia os jovens. A poetisa declara, em seu poema, "Meu vintém perdido", seu "respeito constante, gratidão pelos jovens./ Foram eles, do grupo Gen, cheios de um fogo novo/ que me promoveram a primeira noite de autógrafos [...]: Jamais os esquecer". Inclui, nesse poema, o nome de alguns integrantes do GEN (Grupo de Escritores Novos) que, naquele momento, entravam em cena e se faziam notar. O escritor Miguel Jorge, um de seus homenageados, propôs e conseguiu, à época, a filiação da poetisa ao GEN. A jovem anciã teve, de fato, sua obra de estreia apadrinhada pelos genianos que promoveram o seu lançamento no Bazar Oió, famoso ponto de encontro de escritores e que mantinha um jornal literário. É natural que, morando na cidade de Goiás, ela não viesse a frequentar as reuniões do GEN.

É preciso lembrar que a poesia de Cora Coralina, muitas vezes prolixa (ou com lâminas líricas muito extensas) e em tom coloquial eminentemente lírico-narrativo, na qual se notava, às vezes, a ausência de uma forte consciência estruturante, contrastava com a poesia formal dos que estavam, entre nós, no centro da referência literária. Basta lembrar que, apenas um ano antes de a poetisa lançar sua primeira obra, Gilberto Mendonça Teles, em 1964, produziu *Sonetos do azul sem tempo*. Embora na obra de Gilberto (que passou depois por uma evolução somente comparável à de Cassiano Ricardo), e também na de outros companheiros seus, figurassem, por essa época, muitos poemas verdadeiramente modernos, apresentavam-se eles, quase sempre, como bem comportados filhos da tradição.

Um dos problemas de Cora Coralina em seus poemas líricos narrativos, as lâminas líricas muito extensas que, às vezes, não cabem numa única linha (isto se vê também em Cecília Meireles), poderia ter sido contornado, se a poetisa houvesse seguido, na íntegra, o conselho de Mário de Andrade nessa teorização de seu "Prefácio interessantíssimo", de *Pauliceia desvairada:* "A inspiração é fugaz, violenta. Qualquer empecilho a perturba e mesmo emudece. Arte, que, somada a Lirismo, dá Poesia, não consiste em prejudicar a doida carreira do estado lírico para avisá-lo das pedras e cercas de arame do caminho. Deixe que tropece, caia e se fira. Arte é mondar mais tarde o poema de repetições fastientas, de sentimentalidades românticas, de pormenores inúteis ou inexpressivos". Dificilmente se veem em Cora Coralina as chamadas "sentimentalidades românticas". O mesmo não se pode dizer dos "pormenores", tal como ocorre em "Ode às muletas", poema que teria sido uma peça perfeita, se dela a poetisa houvesse omitido os pormenores visivelmente circunstanciais. Quando fala de seu método de compor, percebemos que Cora segue a primeira fase do processo anunciada por Mário de Andrade. Nem sempre esteve atenta à segunda, embora, como autodidata, tenha concebido poemas que se teriam orgulhado de os subscrever muitos conceituados acadêmicos.

Ela afirma, em entrevista, que foi proibida de publicar pelo marido. Isto era comum à época e até famosos escritores já haviam dado o exemplo, aliás herdado da Grécia Antiga. Péricles, o democrata que sonhava com a igualdade entre os homens (?), cinco séculos antes de Cristo, no chamado "Século de Ouro da Grécia", que levou o seu próprio nome, já dizia: "A glória maior da mulher é não ser falada". E, diga-se de passagem, pensamento homologado pela própria Bíblia cristã, nas palavras de Paulo. Olavo Bilac havia feito o mesmo com a noiva Amélia de Oliveira, irmã de Alberto de Oliveira, censurando-a pela ideia de publicar versos (sua obra é póstuma) e cita-lhe uma frase de Ramalho Ortigão, verdadeiro decalque daquela de Péricles, dizendo-lhe que era "uma das maiores verdades" que ele já havia lido: "O primeiro dever de uma mulher honesta é não ser conhecida". Honestidade estava, portanto, atrelada à ideia de anonimato. E o que mais desejava, afirma Cora Coralina, era isto: "escrever para o público, escrever para ser lida, criticada, elogiada e, mais do que tudo isso, corrigida e ensinada". Como ela própria declarou em entrevista gravada, jamais teve "um guia". Cremos que foi longe demais em seu ofício literário.

A crítica, em Goiás, após a estreia de Cora Coralina em 1965, naturalmente muito antes de ela ser proclamada por Drummond, em 1980, como a pessoa mais importante de nosso estado (a partir de quando o que se ouviu foi o silêncio), fez restrições ao tom lírico narrativo de seus poemas. Quase todos os críticos, quando não lhe torciam o nariz, batiam na mesma tecla: "é mais prosadora do que poeta". Talvez lhes faltasse, àquele momento, algum conhecimento teórico.

Um pouco antes desse tempo, no início da segunda metade do século XX, Emil Staiger já havia enriquecido o pensamento crítico com a sua teoria, defendendo a ideia da prevalência dos traços estilísticos dos gêneros e legitimando suas intercomunicações. Em seus *Conceitos fundamentais da poética*, defendia, intransigentemente, a tese da inexistência de uma obra puramente lírica, épica ou dramática. Mais precisamente, dizia ele já na introdução de seu trabalho:

> *Não vamos [...] concluir que possa existir em parte alguma uma obra que seja puramente lírica, épica ou dramática. [...] qualquer obra autêntica participa, em diferentes graus e modos dos três gêneros literários.*

E, no epílogo deste seu livro, assim se pronuncia:

> Não "puramente lírico" não significa absolutamente que o lírico esteja misturado com lama e imundícies, mas que além do lírico podem-se pressentir outras características essenciais. E não poderia ser que uma obra poética seja tão mais perfeita, quanto mais intrinsecamente relacionados estejam os elementos líricos, épicos e dramáticos que a impregnam?

Finalmente, para fechar de vez aquela questão já exposta no prólogo, ele vem com este xeque-mate:

> Apenas chamo a atenção para um ponto: uma obra exclusivamente lírica, exclusivamente épica ou exclusivamente dramática é absolutamente inconcebível; toda obra poética participa em maior ou menor escala de todos os gêneros e apenas em função de sua maior ou menor participação, designamo-la lírica, épica ou dramática.

Ecléticos, como a própria autora, vários são os poemas de Cora Coralina abertos à intromissão de outros gêneros. Em alguns, como é o caso de "Estória do aparelho azul-pombinho" e "O prato azul-pombinho", fundem-se o épico e o lírico de tal forma que poderiam ser classificados como verdadeiros epilíricos. Muitos já se prestaram a encenações dramáticas, efetuadas por alunos e professores do Instituto de Artes da Universidade Federal de Goiás ou por grupos de teatro, mesmo, e cada vez mais, fora de Goiás. Seu plurissignificativo "As tranças da Maria" também já inspirou um filme homônimo. Mas o que importa: do cerne de seus poemas, exala sempre o aroma da mais lídima poesia.

Excluindo conhecidas manifestações no Neoclassicismo, no próprio Romantismo e, até mesmo, no Parnasianismo, é a partir da década de 30 (sem nos esquecer também de altos representantes do Modernismo brasileiro, como, entre outros, é o caso do próprio Manuel Bandeira e seu poema "Infância", de *Belo belo*) que se nota mais nitidamente, na poesia brasileira, uma tendência para um certo épico ou epilírico. Basta lembrar Cecília Meireles e o *Romanceiro da Inconfidência*, entre outras obras ou poemas no gênero que concebeu. Antes dela, houve naturalmente, mencionando apenas dois nomes, Cassiano Ricardo e seu *Martim-Cererê*; Raul Bopp e *Cobra Norato*. Da geração de 45, nessa linha deve ser lembrado, entre outros, João Cabral de Melo

Neto e *Morte e vida severina*. Mas a grande explosão dessa modalidade lírica vai acontecer com a Geração 60, coincidentemente o momento de estreia da autora, sem querer com isto afirmar que a ela pertencesse ou que tivesse, a rigor, tomado conhecimento da estética dessa geração. Vários integrantes da Geração 60 poderiam ser citados como cultores dessa modalidade lírica, como é o caso de Marcus Accioly (com *Sísifo*); Carlos Nejar, com mais de uma obra, incluindo sua recente *Carta aos loucos*; Fernando Py, com seu *Antiuniverso*. Enfim, não foram poucos os poetas que produziram obras inteiras dentro da linha de imbricamento anunciada.

O crítico e poeta Pedro Lyra, em sua obra *Sincretismo: geração 60*, em que esquadrinha ou disseca esse momento de nossa literatura, fala claramente de um segmento épico dentro de tal geração. Ele capta a tríplice diversidade estilístico-temática da poesia da Geração-60: "a tradição discursiva, o semioticismo vanguardista e a variante alternativa". E também aponta, no primeiro segmento, ou seja, naquele da tradição discursiva, "quatro grandes vertentes: a herança lírica, o protesto social, a explosão épica e a convicção metapoética".

Cora Coralina, ou porque era esse o momento de sua estreia literária, ou porque convivia com integrantes dessa geração em Goiás, lendo suas obras e até mesmo convivendo com eles, apresenta características desse segmento da tradição discursiva (ou poderia tê-las reforçado em sua poesia), mesclando, no entanto, duas vertentes: a herança lírica e a manifestação épica. Com a mobilidade própria de Cora Coralina, ela flui, com frequência, também para a vertente de compromisso social e, até mesmo, chega a molhar suas mãos líricas na vertente metapoética, sem, como era de se esperar, demonstrar a convicção de um virtuose no ofício.

Guardadas as devidas proporções, há aqui mais um ponto de contato entre Cora Coralina e Manuel Bandeira. Ele afirma, em *Itinerário de Pasárgada*, que jamais comporia à maneira de Valéry, ou seja, com aquele máximo de consciência possível. Tinha preferência pelo que lhe "saía do subconsciente, numa espécie de transe ou alumbramento". Igualmente, em seu poema metalinguístico, "O poeta e a poesia", de *Vintém de cobre*, a poetisa goiana afirma algo que nos lembra a teoria de Platão acerca do ato criador. Fala do poeta como um possesso ou possuído pelas musas, o mesmo *furor animi* do neoplatonismo de que, em outras palavras, nos fala Bandeira. Ela inicia o poema dizendo: "Não é o poeta que cria a poesia. / E sim, a poesia que condiciona o poeta". E na terceira estrofe afirma: "Poeta, não somente o que escreve./ É aquele que sente a poesia". *Sente*, aqui, parece assumir o peso de sucumbir à poesia. Ainda, em "Cora Coralina, quem é você?", ela declara: "Não escrevo jamais de forma / consciente [...] e sim / impelida por um impulso incontrolável". Se isto lhe causa, às vezes, alguns prejuízos já revelados, nos quais devemos incluir esporadicamente o próprio ritmo, sua prodigiosa intuição a conduz também à capacidade de contenção lírica, a notáveis efeitos de rimas ocasionais (internas ou não) e a admiráveis assonâncias. O poema "A flor" é um belo exemplo de sucesso estético.

Nascida no crepúsculo do século XIX, Cora Coralina foi, de fato, coetânea de vários integrantes da geração de 22, dos quais citaremos apenas os expoentes Mário de Andrade, Manuel Bandeira e Oswald de Andrade. Ela declarou, mais de uma vez, em entrevistas e depoimentos preservados por meio magnético, que só foi capaz de fazer poesia depois das conquistas dos modernistas, da adoção do verso livre. No entanto deixa claro, em duas entrevistas, que, embora morasse no estado de São Paulo, à época, não acompanhou esse movimento, a não ser pelos jornais. Mas o que interessa: a poesia de Cora Coralina assumiu a cor local, adotou o tom coloquial que se buscou e um nacionalismo jamais simplório. E foi além, construindo, às vezes, metáforas próprias de um virtuose, como se pode ver em *Vintém de cobre*, no poema "Meu vintém perdido": "ao fundo o relâmpago longínquo de uma certeza". E, na mesma obra, no belíssimo "A gleba me transfigura", estes versos metalinguísticos, que terminam sinestésicos, de uma imagética invejável: "Meus versos têm relances de enxada, gume de foice e/ peso de machado./ Cheiro de currais e gosto de terra". Pode-se acreditar que esta mulher cursou apenas alguns anos do Ensino Fundamental?

Sendo "da geração de Leodegária de Jesus e companheira de Joaquim Bonifácio", Cora Coralina é considerada por A. G. Ramos Jubé "um caso singular dentro da literatura goiana". Não pelas mesmas razões, nós a consideramos também. De fato, "nasceu antes do tempo", como diz a poetisa em um de seus poemas. E, talvez por isso, floresceu tardiamente. Sua estreia acontece em 1965, ao tempo da geração 60. E embora essa estreia se desse aos 76 anos de idade, a poetisa goiana não deixa de apresentar um conjunto de traços de expressão e até mesmo de substância (outro critério igualmente válido apontado por Pedro Lyra) que, de modo claro, compartilha com integrantes de tal geração, mesmo sem ter pertencido a ela. Deixando de lado as raras manifestações metalinguísticas, não se pode negar que ela, visivelmente, partilha com vários poetas dessa geração a expressão do épico e do poema engajado em sua poesia.

Sua longevidade e estreia extremamente tardia, a absorção de códigos estéticos ao longo do tempo muito dilatado em que viveu, dificultam o seu enquadramento geracional, o que também não representa nenhum problema. Muitos nomes importantes não pertencem a nenhuma constelação dentro da literatura brasileira. Antes, figuram isolados, como estrelas solitárias. Cora Coralina, de fato, não está com os dois pés lá no Modernismo brasileiro, de que muito se beneficiou, e nem nessa geração que coincide com a sua estreia. E muito menos pode ser recuada para o tempo de sua coetânea, amiga fiel e companheira Leodegária; ou, menos ainda, postada ao lado do romântico Joaquim Bonifácio, das inesquecíveis "Noites goianas".

Como uma singela sempre-viva, atravessou quase um século no anonimato, mas sempre viva. Ela nos lembra, de fato, o seu belíssimo poema "A flor", repassado de lirismo e acordes bíblicos, que é um símbolo (ainda não notado) de si mesma. Figura ele todo o longo processo de gestação literária da poetisa goiana, culminando com a explosão magnífica daquele bulbo ressequido, "apanhado num monte de entulho de lixeira". Agora, em verdade, "Na haste/ hierática e vertical / pompeia. / Sobe para a luz e para o alto/ a flor...", que é Cora Coralina. De repente, desse bulbo ressequido explodem seus "quatro lírios [...] apontando os pontos cardeais/ no ápice da haste". É a *Hemerocallis* Cora Coralina, batizada no sul do País. Gesto sensível de um pesquisador. "Quatro lírios" coralinos apontam para os quatro "pontos cardeais" de nosso país, indo muito além dos limites goianos, impondo o nome da poetisa. Não depende dela e nem de nós: Cora dos Goiases esplende agora, não mais na solidão de seu "aquém-Paranaíba". Isto já não lhe basta. Ela resplandece no universo dilatado da poesia brasileira, e já força passagem. Não se pode mais dizer: este é o seu lugar.

Darcy França Denófrio

POEMAS

NOS REINOS
DE GOIÁS

*Era assim no antigamente,
naqueles velhos reinos de Goiás.*

MINHA CIDADE

Goiás, minha cidade...
Eu sou aquela amorosa
de tuas ruas estreitas,
curtas,
indecisas,
entrando,
saindo
uma das outras.
Eu sou aquela menina feia da ponte da Lapa.
Eu sou Aninha.

Eu sou aquela mulher
que ficou velha,
esquecida,
nos teus larguinhos e nos teus becos tristes,
contando estórias,
fazendo adivinhação.
Cantando teu passado.
Cantando teu futuro.

Eu vivo nas tuas igrejas
e sobrados
e telhados
e paredes.

Eu sou aquele teu velho muro
verde de avencas
onde se debruça
um antigo jasmineiro,
cheiroso
na ruinha pobre e suja.

Eu sou estas casas
encostadas

cochichando umas com as outras.
Eu sou a ramada
dessas árvores,
sem nome e sem valia,
sem flores e sem frutos,
de que gostam
a gente cansada e os pássaros vadios.

Eu sou o caule
dessas trepadeiras sem classe,
nascidas na frincha das pedras.
Bravias.
Renitentes.
Indomáveis.
Cortadas.
Maltratadas.
Pisadas.
E renascendo.

Eu sou a dureza desses morros,
revestidos,
enflorados,
lascados a machado,
lanhados, lacerados.
Queimados pelo fogo.
Pastados.
Calcinados
e renascidos.
Minha vida,
meus sentidos,
minha estética,
todas as vibrações
de minha sensibilidade de mulher,
têm, aqui, suas raízes.

Eu sou a menina feia
da ponte da Lapa.
Eu sou Aninha.

ESTÓRIA DO APARELHO AZUL-POMBINHO

Minha bisavó – que Deus a tenha em bom lugar –
inspirada no passado
sempre tinha o que contar.
Velhas tradições. Casos de assombração.
Costumes antigos. Usanças de outros tempos.
Cenas da escravidão.
Cronologia superada
onde havia banguês.
Mucamas e cadeirinhas.
Rodas e teares. Ouro em profusão,
posto a secar em couro de boi.
Crioulinho vigiando de vara na mão
pra galinha não ciscar.
Romanceiro. Estórias avoengas...
Por sinal que uma delas embalou minha infância.

Era a estória de um aparelho de jantar
que tinha sido encomendado de Goiás
através de uma rede de correspondentes
como era de norma, naquele tempo.
Encomenda levada numa carta
em nobre estilo amistoso-comercial.
Bem notada. Fechada com obreia preta.

Carta que foi entregue de mão própria
ao correspondente na Corte,
que tinha morada e loja de ferragem
na Rua do Sabão.
O considerado lusitano – metódico e pontual –,
a passou para Lisboa.
Lisboa passou para Luanda.

Luanda no usual
passou para Macau.
Macau se entendeu com mercadores chineses.

E um fabricante-loiceiro,
artesão de Cantão,
laborou o prodígio (no dizer de minha bisavó).

Um aparelho de jantar – 92 peças.
Enorme. Pesado, lendário.
Pintado, estoriado, versejado,
de loiça azul-pombinho.
Encomenda de um senhor cônego
de Goiás
para o casamento de seu sobrinho e afilhado
com uma filha de minha bisavó.

O cônego-tio e padrinho
pelo visto, relatado,
fazia gosto naquele matrimônio.
E o aparelho era para as bodas contratadas.
Um carro de boi –
15 juntas, 30 bois –
bem fornido e rejuntado
para viagem longa,
partiu de Goiás, no século passado,
do meado, pouco mais.
Levava seis escravos escolhidos
e um feitor de confiança.
Mantimentos para a viagem.
E mais, oitavas de ouro,
disfarçadas no fundo de um berrante,
para os imprevistos da delonga.

E o antigo carro
por ano e meio quase

rodou, sulcou, cantou e levantou poeira
rechinando
por caminhos e atalhos,
vilas e cidades, campos, sarobais.
Atravessou rios em balsas.
Vadeou lameiros, tremedais.
Varou Goiás – fim de mundo.
Cortou o sertão de Minas.
O planalto de São Paulo.

Foi receber o aparelho e mais sedas e xailes da índia
em Caçapava –
ponta dos trilhos da Dão Pedro Segundo –
ali por volta de 1860 e tantos.
Durou essa viagem, ir e voltar,
dezesseis meses e vinte e dois dias.
– As bodas em suspenso.

Enquanto se esperava, escravas de dentro
fiavam na roda e urdiam no tear.
Mucamas compenetradas, mestreadas por rica-dona,
sentadas nas esteiras, nos estrados de costura,
desfiavam, bordavam, crivavam,
repolegavam
o bragal de minha avó.
Sinhazinha de catorze anos – fermosura.
Prendada. Faceira.
Muito certa na Doutrina.
Entendida do governo de uma casa
e analfabeta.
Diziam os antigos educadores:
"– Mulher saber ler e escrever não é virtude".

Afinal, muito esperado,
chegou a Goiás, sem novidades ou peça quebrada,
o aparelho encomendado

através de uma rede de correspondentes.
Embarcado num veleiro,
no porto de Macau.

As bodas marcadas
se fizeram com aparato.
Fartas comezainas.
Vinho de Espinho – Portugal –
da parte do correspondente.
Aparelhos de loiça da China.
Faqueiros e salvas de prata.
Compoteiras e copos de cristal.
Na sobremesa, minha bisavó exultava...
Figurava uma pinha de iludição.

Toda ela de cartuchos de papel verde calandrado,
cheios de confeitos de ouro em filigrana.
Mimo aos convidados graduados:
Governador da Província.
Cônegos, Monsenhores, Padres-mestres,
Capitão-mor.
Brigadeiros. Comendadores.
Juízes e Provedores.
Muita pompa e toda parentela.
Por amor e grandeza desse fasto
– casamento da sinhazinha Honória
com o sinhô-moço Joaquim Luís –
dois velhos escravos, já pintando,
receberam chorando
suas cartas de alforria.

Ficou mais, assentado e prometido
em palavra de rei testemunhado,
que o crioulinho
que viesse ao mundo

com o primogênito do casal
seria forro sem tardança na pia batismal.

E se criaria em regalia
com o senhorzinho,
nato fosse ele, em hora e dia.

Um rebento do casal veio ao mundo
no fim de nove meses.
E na senzala do quintal
nascia de uma escrava
um crioulinho.
Conforme o prometido – libertado
alforriado
na pia batismal.

(Na pia batismal, era, naquele tempo,
forma legal e usual de se alforriar um escravo).
Toda essa estória
por via de um aparelho de loiça da China,
destinado a Goiás.
Laborado de um oleiro, loiceiro de Cantão.
Embarcado num veleiro
no porto de Macau.

Cartas com obreias.
Correspondentes antigos.
Cartuchos de confeitos de ouro.
Alforria de escravos.
Bodas de meu avô.
Bragal de minha avó.
Roda e tear, marafundas e repolegos.
Coisas do passado...
E – dizia minha bisavó –
tudo se deu como o contado.

O PRATO AZUL-POMBINHO

Minha bisavó – que Deus a tenha em glória –
sempre contava e recontava
em sentidas recordações
de outros tempos
a estória de saudade
daquele prato azul-pombinho.

Era uma estória minuciosa.
Comprida, detalhada.
Sentimental.
Puxada em suspiros saudosistas
e ais presentes.
E terminava, invariavelmente,
depois do caso esmiuçado:
"– Nem gosto de lembrar disso..."
É que a estória se prendia
aos tempos idos em que vivia
minha bisavó
que fizera deles seu presente e seu futuro.

Voltando ao prato azul-pombinho
que conheci quando menina
e que deixou em mim
lembrança imperecível.
Era um prato sozinho,
último remanescente, sobrevivente,
sobra mesmo, de uma coleção,
de um aparelho antigo
de 92 peças.
Isto contava com emoção, minha bisavó,
que Deus haja.

Era um prato original,
muito grande, fora de tamanho,
um tanto oval.
Prato de centro, de antigas mesas senhoriais
de família numerosa.
De fastos de casamento e dias de batizado.

Pesado. Com duas asas por onde segurar.
Prato de bom-bocado e de mães-bentas.
De fios de ovos.
De receita dobrada
de grandes pudins,
recendendo a cravo,
nadando em calda.

Era, na verdade, um enlevo.
Tinha seus desenhos
em miniaturas delicadas.
Todo azul-forte,
em fundo claro
num meio-relevo.
Galhadas de árvores e flores,
estilizadas.
Um templo enfeitado de lanternas.
Figuras rotundas de entremez.
Uma ilha. Um quiosque rendilhado.
Um braço de mar.
Um pagode e um palácio chinês.
Uma ponte.
Um barco com sua coberta de seda.
Pombos sobrevoando.

Minha bisavó
traduzia com sentimento sem igual,
a lenda oriental
estampada no fundo daquele prato.

Eu era toda ouvidos.
Ouvia com os olhos, com o nariz, com a boca,
com todos os sentidos,
aquela estória da Princesinha Lui,
lá da China – muito longe de Goiás –
que tinha fugido do palácio, um dia,
com um plebeu do seu agrado
e se refugiado num quiosque muito lindo
com aquele a quem queria,
enquanto o velho mandarim – seu pai –
concertava, com outro mandarim de nobre casta,
detalhes complicados e cerimoniosos
do seu casamento com um príncipe todo-poderoso,
chamado Li.

Então, o velho mandarim,
que aparecia também no prato,
de rabicho e de quimono,
com gestos de espavento e cercado de aparato,
decretou que os criados do palácio
incendiassem o quiosque
onde se encontravam os fugitivos namorados.

E lá estavam no fundo do prato,
– oh, encanto da minha meninice! –
pintadinhos de azul,
uns atrás dos outros – atravessando a ponte,
com seus chapeuzinhos de bateia
e suas japoninhas largas,
cinco miniaturas de chinês.
Cada qual com sua tocha acesa
– na pintura –
para pôr fogo no quiosque
– da pintura.

Mas ao largo do mar alto
balouçava um barco altivo
com sua coberta de prata,
levando longe o casal fugitivo.

Havia, como já disse,
pombos esvoaçando.
E um deles levava, numa argolinha do pé,
mensagem da boa ama,
dando aviso a sua princesa e dama,
da vingança do velho mandarim.

Os namorados então,
na calada da noite,
passaram sorrateiros para o barco,
driblando o velho, como se diz hoje.
E era aquele barco que balouçava
no mar alto da velha China,
no fundo do prato.

Eu era curiosa para saber o final da estória.
Mas o resto, por muito que pedisse,
não contava minha bisavó.
Dali para a frente a estória era omissa.
Dizia ela – que o resto não estava no prato
nem constava do relato.
Do resto, ela não sabia.
E dava o ponto final recomendado.
"— Cuidado com esse prato!
É o último de 92".

Devo dizer – esclarecendo,
esses 92 não foram do meu tempo.
Explicava minha bisavó
que os outros – quebrados, sumidos,
talvez roubados –

traziam outros recados, outras legendas,
prebendas de um tal Confúcio
e baladas de um vate
chamado Hipeng.

Do meu tempo só foi mesmo
aquele último
que, em raros dias de cerimônia
ou festas do Divino,
figurava na mesa em grande pompa,
carregado de doces secos, variados,
muito finos,
encimados por uma coroa
alvacenta e macia
de cocadas de fita.

Às vezes, ia de empréstimo
à casa da boa tia Nhorita.
E era certo no centro da mesa
de aniversário, com sua montanha
de empadas, bem tostadas.
No dia seguinte, voltava,
conduzido por um portador
que era sempre o Abdênago, preto de valor,
de alta e mútua confiança.

Voltava com muito-obrigados
e, melhor — cheinho
de doces e salgados.
Tornava a relíquia para o relicário
que no caso era um grande e velho armário,
alto e bem fechado.
— "Cuidado com o prato azul-pombinho" —
dizia minha bisavó,
cada vez que o punha de lado.

Um dia, por azar,
sem se saber, sem se esperar,
artes do salta-caminho,
partes do capeta,
fora de seu lugar, apareceu quebrado,
feito em pedaços – sim senhor –
o prato azul-pombinho.
Foi um espanto. Um torvelinho.
Exclamações. Histeria coletiva.
Um deus nos acuda. Um rebuliço.
Quem foi, quem não foi?...

O pessoal da casa se assanhava.
Cada qual jurava por si.
Achava seus bons álibis.
Punia pelos outros.
Se defendia com energia.
Minha bisavó teve "aquela coisa".
(Ela sempre tinha "aquela coisa" em casos tais.)
Sobreveio o flato.
Arrotando alto, por fim, até chorou...

Eu (emocionada), vendo o pranto de minha bisavó,
lembrando só
da princesinha Lui –
que já tinha passado a viver no meu inconsciente
como ser presente,
comecei a chorar
– que chorona sempre fui.

Foi o bastante para ser apontada e acusada
de ter quebrado o prato.
Chorei mais alto, na maior tristeza,
comprometendo qualquer tentativa de defesa.
De nada valeu minha fraca negativa.
Fez-se o levantamento de minha vida pregressa

de menina
e a revisão de uns tantos processos arquivados.
Tinha já quebrado – em tempos alternados,
três pratos, uma compoteira de estimação,
uma tigela, vários pires e a tampa de uma terrina.

Meus antecedentes, até,
não eram muito bons.
Com relação a coisas quebradas
nada me abonava.
E o processo se fez, pois, à revelia da ré,
e com esta agravante:
tinha colado no meu ser magricela, de menina,
vários vocativos
adesivos, pejorativos:
inzoneira, buliçosa e malina.

Por indução e conclusão,
era eu mesma que tinha quebrado o prato azul-pombinho.

Reuniu-se o conselho de família
e veio a condenação à moda do tempo:
uma boa tunda de chineladas.

Aí ponderou minha bisavó
umas tantas atenuantes a meu favor.
E o castigo foi comutado
para outro, bem lembrado, que melhor servisse a todos
de escarmento e de lição:
trazer no pescoço por tempo indeterminado,
amarrado de um cordão,
um caco do prato quebrado.

O dito, melhor feito.
Logo se torceu no fuso
um cordão de novelão.
Encerado foi. Amarrou-se a ele um caco, de bom jeito,

em forma de meia-lua.
E a modo de colar, foi posto em seu lugar,
isto é, no meu pescoço.
Ainda mais
agravada a penalidade:
proibição de chegar na porta da rua.
Era assim, antigamente.

Dizia-se aquele, um castigo atinente,
de ótima procedência. Boa coerência.
Exemplar e de alta moral.

Chorei sozinha minhas mágoas de criança.
Depois, me acostumei com aquilo.
No fim, até brincava com o caco pendurado.
E foi assim que guardei
no armarinho da memória, bem guardado,
e posso contar aos meus leitores,
direitinho,
a estória, tão singela,
do prato azul-pombinho.

VELHO SOBRADO

Um montão disforme. Taipas e pedras,
abraçadas a grossas aroeiras,
toscamente esquadriadas.
Folhas de janelas.
Pedaços de batentes.
Almofadados de portas.
Vidraças estilhaçadas.
Ferragens retorcidas.

Abandono. Silêncio. Desordem.
Ausência, sobretudo.
O avanço vegetal acoberta o quadro.
Carrapateiras cacheadas.
São-caetano com seu verde planejamento,
pendurado de frutinhas ouro-rosa.
Uma bucha de cordoalha enfolhada,
berrante de flores amarelas
cingindo tudo.
Dá guarda, perfilado, um pé de mamão-macho.
No alto, instala-se, dominadora,
uma jovem gameleira, dona do futuro.
Cortina vulgar de decência urbana
defende a nudez dolorosa das ruínas do sobrado
— um muro.

Fechado. Largado.
O velho sobrado colonial
de cinco sacadas,
de ferro forjado,
cede.

Bem que podia ser conservado,
bem que devia ser retocado,

tão alto, tão nobre-senhorial.
O sobradão dos Vieiras
cai aos pedaços,
abandonado.
Parede hoje. Parede amanhã.
Caliça, telhas e pedras
se amontoando com estrondo.
Famílias alarmadas se mudando.
Assustados – passantes e vizinhos.
Aos poucos, a "fortaleza" desabando.

Quem se lembra?
Quem se esquece?

Padre Vicente José Vieira.
D. Irena Manso Serradourada.
D. Virgínia Vieira
– grande dama de outros tempos.
Flor de distinção e nobreza
na heráldica da cidade.
Benjamim Vieira,
Rodolfo Luz Vieira,
Ludugero,
Ângela,
Débora, Maria...
tão distante a gente do sobrado...

Bailes e saraus antigos.
Cortesia. Sociedade goiana.
Senhoras e cavalheiros...
– tão desusados...

O Passado...

A escadaria de patamares
vai subindo... subindo...
Portas no alto.

À direita. À esquerda.
Se abrindo, familiares.

Salas. Antigos canapés.
Cadeiras em ordem.
Pelas paredes forradas de papel,
desenho de querubins, segurando
cornucópia e laços.
Retratos de antepassados,
solenes, empertigados.
Gente de dantes.

Grandes espelhos de cristal,
emoldurados de veludo negro.
Velhas credências torneadas
sustentando
jarrões pesados.
Antigas flores
de que ninguém mais fala!
Rosa cheirosa de Alexandria.
Sempre-viva. Cravinas.
Damas-entre-verdes.
Jasmim-do-cabo. Resedá.
Um aroma esquecido
– manjerona.

O Passado...

O salão da frente recende a cravo.
Um grupo de gente moça
se reúne ali.
"Clube Literário Goiano".
Rosa Godinho.

Luzia de Oliveira.
Leodegária de Jesus,
a presidência.

Nós, gente menor,
sentadas, convencidas, formais.
Respondendo à chamada.
Ouvindo atentas a leitura da ata.
Pedindo a palavra.
Levantando ideias geniais.

Encerrada a sessão com seriedade,
passávamos à tertúlia.
O velho harmônio, uma flauta, um bandolim.
Músicas antigas. Recitativos.
Declamavam-se monólogos.
Dialogávamos em rimas e risos.

D. Virgínia. Benjamim.
Rodolfo. Ludugero.
Veros anfitriões.
Sangrias. Doces. Licor de rosa.
Distinção. Agrado.

O Passado...

Homens sem pressa,
talvez cansados,
descem com leva
madeirões pesados,
lavrados por escravos
em rudes simetrias,
do tempo das acutas.
Inclemência.
Caem pedaços na calçada.
Passantes cautelosos
desviam-se com prudência.

Que importa a eles o sobrado?

Gente que passa indiferente,
olha de longe,
na dobra das esquinas,
as traves que despencam.
– Que vale para eles o sobrado?
Quem vê nas velhas sacadas
de ferro forjado
as sombras debruçadas?
Quem é que está ouvindo
o clamor, o adeus, o chamado?...
Que importa a marca dos retratos na parede?
Que importam as salas destelhadas,
e o pudor das alcovas devassadas...
Que importam?

E vão fugindo do sobrado,
aos poucos,
os quadros do Passado.

DO BECO DA VILA RICA

No beco da Vila Rica
tem sempre uma galinha morta.
Preta, amarela, pintada ou carijó.
Que importa?
Tem sempre uma galinha morta, de verdade.
Espetacular, fedorenta.
Apodrecendo ao deus-dará.

No beco da Vila Rica,
ontem, hoje, amanhã,
no século que vem,
no milênio que vai chegar,
terá sempre uma galinha morta, de verdade.
Escandalosa, malcheirosa.
Às vezes, subsidiariamente, também tem
– um gato morto.

No beco da Vila Rica tem
velhos monturos,
coletivos, consolidados,
onde crescem boninas perfumadas.
Beco da Vila Rica...
Baliza da cidade,
do tempo do ouro.
Da era dos "polistas",
de botas, trabuco, gibão de couro.

Dos escravos de sunga de tear, camisa de baeta,
pulando o muro dos quintais,
correndo pra o jeguedê e o batuque.

A estória da Vila Rica
é a estória da cidade mal contada,

em regras mal traçadas.
Vem do século dezoito,
vai para o ano dois mil.
Vila Rica não é sonho, invenção,
imaginária, retórica, abstrata, convencional.

É real, positiva, concreta e simbólica.
Involuída, estática.
Conservada, conservadora.
E catinguda.

Velhos portões fechados.
Muros sem regra, sem prumo nem aprumo.
(Reentra, salienta, cai, não cai,
entorta, endireita,
embarriga, reboja, corcoveia...
Cai não.
Tem sapatas de pedras garantindo).

Vivem perrengando
de velhas velhices crônicas.
Pertencem a velhas donas
que não se esquecem de os retelhar
de vez em quando.
E esconjuram quando se fala
em vender o fundo do quintal,
fazer casa nova, melhorar.
E quando as velhas donas morrem centenárias
os descendentes também já são velhinhos.
Herdeiros da tradição
– muros retelhados. Portões fechados.

Na velhice dos muros de Goiás
o tempo planta avencas.

Monturo:
espólio da economia da cidade.

Badulaques:
Sapatos velhos. Velhas bacias.
Velhos potes, panelas, balaios, gamelas,
e outras furadas serventias
vêm dar ali.

Não há nada que dure mais do que um sapato velho
jogado fora.
Fica sempre carcomido,
ressecado, embodocado,
saliente por cima dos monturos.
Quanto tempo!
Que de chuva, que de sol,
que de esforço, constante, invisível,
material, atuante,
silencioso, dia e noite,
precisará de um calçado, no lixo,
para se decompor absolutamente,
se desintegrar quimicamente
em transformações de humo criador?...

Às vezes, um vadio,
malvado ou caridoso,
põe fogo no monturo.
Fogo vagaroso, rastejante.
Marcado pela fumaceira conhecida.
Fumaça de monturo.
Agressiva. Ardida.
Cheiro de alergia.
Nervosia, dor de cabeça.
Enjoo de estômago.
Monturo:
tem coisa impossível de queimar,
vai ardendo devagar,
no rasto da cinza, na mortalha da fumaça.

Monturo...
Faz lembrar a Bíblia:
Jó, raspando suas úlceras.
Jó, ouvindo a exortação dos amigos.
Jó, clamando e reclamando do seu Deus.
As mulheres de Jó,
as filhas de Jó,
gandaiam coisinhas, pobrezas,
nos monturos do beco da Vila Rica.

Eu era menina pobrezinha,
como tantas do meu tempo.
Me enfeitava de colares,
de grinaldas,
de pulseiras,
das boninas dos monturos.

Vila Rica da minha infância,
do fundo dos quintais...
Sentinelas imutáveis dos becos, os portões.
Rígidos. Velhíssimos. Carunchados.
Trancados a chave.
Escorados por dentro.
Chavões enormes (turistas morrem por eles).
Fechaduras de broca, pesadas, quadradas.
Lingueta desconforme, desusada.
Portões que se abriam,
antigamente,
em tardes de folga,
com licença dos mais velhos.

Aonde a gente ia – combinada com a vizinha,
conversar, espairecer... passar a tarde...
Tarde divertida, de primeiro, em Goiás,
passada no beco da Vila Rica,
– a dos monturos bíblicos.

Dos portões fechados.
De mosquitos mil. Muriçocas. Borrachudos.
E o lixo pobre da cidade,
extravasando dos quintais.
E aquela cheiração ardida.
E a ervinha anônima,
sempre a mesma,
estendendo seu tapete
por toda a Vila Rica.
Coisinha rasteirinha, sem valia.
Pisada, cativa, maltratada.
Vigorosa.
Casco de burro de lenha.
Pisadas de quem sobe e desce.
Daninheza de menino vadio
nunca dá atraso a fedegoso,
federação, manjiroba, caruru-de-espinho,
guanxuma, são-caetano.
Resistência vegetal... Plantas que vieram donde?
Do princípio de todos os princípios.
Nascem à toa. Vingam conviventes.
Enfloram, sem amparo nem reparo de ninguém.
E só morrem depois de cumprida a obrigação:
amadurecer... sementear,
garantir sobrevivência.
E flores... migalhas de pétalas, de cores.
Amarelas, brancas, roxas, solferinas.
Umas tais de andaca... boninas...
Flor de brinquedo de menina antiga.
Flor de beco, flor de pouco caso.
Vagabundas, desprezadas.

Becos da minha terra...
Válvulas coronárias da minha velha cidade.

Além do mais, Vila Rica tem um cano horroroso.
Começa no começo.
Abre ali sua bocarra de lobo
e vai até o Rio Vermelho.
Coitado do Rio Vermelho!...
O cano é um prodígio de sabedoria,
engenharia, urbanismo colonial,
do tempo do ouro.
Conservado e confirmado.
Utilíssimo ainda hoje.
Recebe e transfere.
Às vezes caem lajes da coberta.
A gente corre os olhos sem querer.
Meninos debruçam para ver melhor
o que há lá dentro.
É horroroso o cano no seu arrastar de espurcícias,
vagaroso.

Deus afinal se amerceia de Vila Rica
e um dia manda chuvas.
Chuvas pesadas, grossas, poderosas.
Dilúvio delas. Chuvas goianas.

A enxurrada da Rua da Abadia lava o cano.
O fiscal manda repor as lajes.
E a vida da cidade continua,
tão tranquila, sem transtornos.

Diz a crônica viva de Vila Boa
que, debaixo do cano da Vila Rica,
passa um filão de ouro.
Vem da Rua Monsenhor Azevedo.
Rico filão. Grosso filão.
Veia pura, confirmada.
Atravessa o beco – daí o nome de Vila Rica.
E vai engolido pelo Rio Vermelho.

Para defender esse veeiro
e dirimir contendas no passado
que deram causa a mortes, brigas, danos e facadas,
o Senhor Ouvidor de Vila Boa,
por bem entender e ser de sua alçada,
mandou por cima do filão de ouro
estender o cano.
Medida salomônica e salutar.

Bem por isso um ilustre causídico,
de sobrado beiradão colonial,
costuma recolher num vidro de boca larga
palhetas de ouro,
encontradas na moela das galinhas do quintal.
Além de tudo,
Goiás tinha seus costumes familiares.
Normas sociais interessantes
conservadas através de gerações.
Hábitos familiares que se diluíram com o tempo,
ligados aos becos e aos portões.

Família amiga de alta consideração
e pouca intimidade.
De grande conceito e rígida etiqueta,
certo dia,
mandava na casa amiga portador de confiança:
Sá Liduvina, negra forra.
Gente da casa, integrada na família.
Viu nascer Ioiô.
Viu nascer Iaiá.
Viu nascer filhos de Ioiô.
Viu nascer filhos de Iaiá...
Madrinha, de carregar, de um bando de meninos.
Contas redondas de ouro no pescoço.
Brinco de cabacinha nas orelhas.
Conceição maciça, pendurada.

Bentinhos escondidos no seio.
Saia escura, rodada, se arrastando.
Paletó branco de morim, muito engomado.
Chinelas cara-de-gato, nos pés,
largos, pranchados, reumáticos.

Bate na porta do meio...
— "Dá licença, Nhãnhã?..." — "Vai entrando..."
— "Suscristo..." — Entrega as flores.
— "Nhã, D. Breginata mandou essas fulô
do quintar dela,
mandou falá
se vassuncê cunsente qui Nhanhá Sinhaninha
vai passá o dia santo damenhã
cum Sinhá Lili..."
— "Que vassuncê num sincomode.
Que au de noite, au depois da purcissão
ela vem trazê..."
— "É pra passá o dia inteirinho...
Inhá Lili mandou pidi".

Lá dentro, consultas demoradas,
Depois: — "Sim... Pois não...
Sinhazinha vai com muito gosto.
Fala pra D. Breginata pra abri o portão
que Sinhazinha vai ao depois da missa da madrugada".

Estas e outras visitas se faziam
passando pelo portão.
Andar pelas ruas. Atravessar pontes e largos,
as moças daquele tempo eram muito acanhadas.
Tinham vergonha de ser vistas de "todo o mundo"...

"Todo o mundo..."
Expressão pejorativa muito expressiva.
Muito goiana. Muito Brasil
colonial, imperial, republicano.

Era comum portador com este recado:
– "Vai lá na prima Iaiá, fala pra ela
mandar abrir o portão, depois do almoço,
que vou fazer visita pra ela..."

Costume estabelecido.
Levar buquê de flores.
Dar lembrança, dar recado.
Visitas com aviso prévio.
Mulheres entrarem pelo portão.
Saírem pelo portão.
Darem voltas, passarem por detrás.
Evitarem as ruas do centro,
serem vistas de todo o mundo.

Em colaboração com tais hábitos havia o xaile.
Indumentária lusitana,
incorporada ao estatuto da família.
Xaile escuro, de preferência.
Liso, florado, barrado, de listras.
Quadrado. Franjas torcidas. Tecido fofo de lã.
De casimira, de sarja, baetilha, seda,
lã e seda, alpaca, baeta.
Dobrado em triângulo. Passado pela cabeça.
Bico puxado na testa.
Pontas certas, caídas na cacunda.
Pontas cruzadas na frente,
enrolando, dissimulando o busto, as formas,
a idade, a mulher.

Durante um século prevaleceu o xaile.
Substituiu o mantéu e o bioco.
Contava minha bisavó, do primeiro xaile
– novidade – aparecido em Goiás e bem aceito.
Depois, não havia loja que não tivesse xaile.
Xaile preto. Xaile branco.

Azul-escuro, avinhado, havana, cinzento.
Xaile verde.
Era ótimo presente de aniversário.
Muito estimado e de longa duração.
Ajudava o velho estatuto
das mulheres se resguardarem,
embuçadas, disfarçadas.
Olharem na tabuleta.
Entrarem pelo portão.
Passarem por detrás.
Justificando o antigo brocardo português:
"Mulheres, querem-nas resguardadas e a sete chaves..."

A moça, quando casava, já sabia:
levava no enxoval um xaile,
de preferência escuro.
E quando a cegonha dava sinal,
era de decência e compostura
– bata ancha. Anágua de baeta.
Saia comprida se arrastando,
e ritual – o xaile,
embonando tudo.

E o primeiro agasalho do nascituro
era um xaile encarnado de baeta.
Felpas vermelhas de baeta, arrancadas do cueiro,
molhadas no cuspo, coladas na testa,
era porrete pra soluço.
Não havia espasmo de criança
que resistisse à velha pajelança.

TREM DE GADO

E as boiadas vêm descendo do sertão!
Safra, entressafra...
Mato Grosso. Minas. Goiás.
Caminhos recruzados. Pousos espalhados.
Estradas boiadeiras. Aguada...
Pastos e gerais.
Cerrados. Cerradões.
Compáscuos...
Cercados. Aramados.
Corredores.
Nhecolândia. Pantanal.
Cochim.
Campos de Vacaria. Dourados. Maracaju.
Rio Verde.
Santana do Paranaíba. Serras do Amambaí.
Criatório...
Boiadeiros. Fazendeiros.
Comissários. Criadores.
Invernistas. Recria.
Trem de gado ronceiro...
jogando, gingando
nos cilindros, nos pistões, nas bielas e nos truques.
Rangendo, chocalhando,
estrondando nas ferragens.

Resfôlego de vapor.
Locomotiva crepitando, fagulhando,
apitando, sinalando, esguichando, refervendo.

Chiados, rangidos, golfadas, atritos, apitos.
Bandeira vermelha que se agita.
Bandeira verde da partida.
E o resfolegar do trem que vem, do trem que vai...

Trem de gado engaiolado, parado
na plataforma, na esplanada.
Gente que passa
– para.

Corre os olhos. Conta as gaiolas. Avalia. Sopesa.
Soma. Dá o cômputo.
Espia. Mexe. Recua.
Procura agitar os bois famintos, sedentos.
Cansados, enfarados, pressionados.

Ribombos no tabuado.
Ameaçar inútil.
Coice. Chifres entrechocantes.
Traseiros esbarrondando.
Grades lameadas. Gaiolas estercadas, respingantes.

... e o boi que se deita exausto...
Exaustos, esfomeados, sedentos, engaiolados,
cansados.
Estradas de ferro ronceiras.
Longas viagens demoradas,
rotineiras.
Composição parada nos desvios – tempo
aguardando horário, partida, sinal...
Bandeira verde, apito...

Eu vi
o boi deitado, exausto.
Pisado. Mijado. Sujo. Escoiceado.
Quartos encolhidos. Juntas dobradas. Cabo inerte.
Olhar vidrado.
Vencido.

Encosta na paleta a cabeçorra enorme.
Começa a morrer.
Morre devagar... dias, noites...

Arrancos inúteis.
Mugido parco. Lúgubre...
Estrebuchar de agonia.

Emporcalhado – estira os quartos.
Alonga o pescoço. Encomprida o cabo.
Língua de fora, de lado.
Olhos abertos. Vidrados.
Morre o boi.
Olhos abertos, vidrados
vendo – o pasto verde,
o barreiro salitrado, a aguada fria, cantante,
distante...

Eu vi
a alma do boi pastando, lambendo, bebendo,
nas invernadas do Céu.
Eu vi – de verdade –
a alma do boi – boizinho pequenino,
entrando, deitando alegrinho
na lapinha de Belém.

ANHANGUERA

"... e no terceiro dia da
criação o Criador
dividiu as águas, fez os
mares e os rios e separou
a terra e deu ela
ervas e plantas".

... e quando das águas separadas
aflorou Goyaz, há milênios,
ficou ali a Serra Dourada
em teorias imprevistas
de lava endurecida,
e a equação de equilíbrio
da pedra oscilante.

Vieram as chuvas
e o calor acamou o limo
na camarinha das grotas.
O vento passou
trazendo na custódia das sementes
o pólen fecundante.

Nasceu a árvore.
E o Criador vendo que
era boa multiplicou a espécie
em sombra para as feras
em fronde para os ninhos
e em frutos para os homens.
Só depois de muitas eras
foi que chegaram os poetas.

Evém a Bandeira dos Polistas...
num tropel soturno

de muitos pés de muitas patas.
Deflorando a terra.
Rasgando as lavras
nos socavões.
Esfarelando cascalho,
ensacando ouro,
encadeiam Vila Boa
nos morros vestidos
de pau-d'arco.

Foi quando a perdida gente[1]
no sertão impérvio
riscou o roteiro incerto
do velho Bandeirante.
E Bartolomeu Bueno
– bruxo feiticeiro –
num passe de magia
histórica,
tira Goyaz de um prato de aguardente
e ficou sendo o Anhanguera.

---

[1] A pontuação desta última estrofe foi recomposta, conforme original manuscrito da autora, cedido por dr. Nélson da Costa Campos Filho, a quem a poetisa ofereceu a primeira versão.

COISAS DE GOIÁS: MARIA

Maria, das muitas que rolam pelo mundo.
Maria pobre. Não tem casa nem morada.
Vive como quer.
Tem seu mundo e suas vaidades. Suas trouxas e seus botões.
Seus haveres. Trouxa de pano na cabeça.
Pedaços, sobras, retalhada.
Centenas de botões, desusados, coloridos, madre-pérola, louça,
vidro, plástico, variados, pregados em tiras pendentes.
Enfeitando. Mostruário.
Tem mais, uns caídos, bambinelas, enfeites, argolas, coisas dela.
Seus figurinos, figurações, arte decorativa,
criação, inventos de Maria.
Maria grampinho, diz a gente da cidade.
Maria sete saias, diz a gente impiedosa da cidade.
Maria. Companheira certa e compulsada.
Inquilina da Casa Velha da Ponte.
Digo mal. Usucapião tem ela, só de meu tempo,
vinte e seis anos.
Tão grande a Casa Velha da Ponte...
Tão vazia de gente, tão cheia de sonhos, fantasmas e papelada,
tradicionais papéis de circunstância.
Seus fantasmas, enterro de ouro. Lendas e legendas.
Cabem todas as Marias desvalidas do mundo e da minha cidade.
Quem foi o pai, e a mãe e a avó de Maria?
Quantos anos tem Maria? Como foi que nasceu? De que jeito sobreviveu?
Estacou no tempo, procura sempre no quintal seus grampinhos
repassados na densa e penteada camada capilar,
onde acomoda em equilíbrio singular seus mistérios...
Teres e mordomias e seus botões alegres, coloridos, seriados,
chapeando a veste, que por ser pobre não deixa de ser nobre,
resguarda sua nudez casta, inviolada.
Sete blusas, sete saias, remendos, cento de botões

cem números de grampinhos. Muito séria, não dá confiança.
Garrafa de plástico inseparável. Água, leite, mezinha, será...

Entre, Maria, a casa é sua.
Nem precisa mandar. Seus direitos sem deveres,
vai pela manhã e volta pela tarde.
Suas saias, seus botões, seus grampinhos, seu sério,
muda e certa.
Maria é feliz. Não sabe dessas coisas sutis e tem quem a ame.
Uma família distinta da cidade, que a conheceu em tempos
dá referência: Maria tinha até leitura e fazia croché,
ponto de marca, costurava.
Tem a moça Salma, humana e linda, flor da cidade,
luz da sociedade goiana, ela preza Maria e fala
como fala a generosidade das jovens: Maria me contava estórias,
quando eu era pequena.
Fui carregada nos braços da Maria.

Meus filhos e netos quando chegam perguntam:
"E Maria, ainda dorme aqui?"
Todos gostam de Maria, e eu também.

Estas coisas dos Reinos
     da
cidade de Goiás.

COISAS DO REINO DA MINHA CIDADE

Olho e vejo por cima dos telhados patinados pelo tempo
copadas mangueiras de quintais vizinhos.
Altaneiras, enfolhadas, encharcados seus caules,
troncos e raízes das longas chuvas do verão passado.
Paramentadas em verde, celebram a liturgia da próxima florada.
Antecipam a primavera no revestimento de brotação bronzeada,
onde esvoaçam borboletas amarelas.
As mangueiras estão convidando todos os turistas,
para a festa das suas frutas maduras, nos reinos da minha cidade.

Minha mesa pobre está florida e perfumada.
De entrada à minha casa, um aroma suave
incensando a sala.
Um bule de asa quebrada, um vidro de boca larga,
um vaso esguio servem ao conjunto floral.
Rosas brancas a lembrar grinalda das meninas
de branco que acompanhavam antigas procissões,
de onde vieram carregando seus perfumes?...
Tão fácil. Por cima do muro da vizinha
a roseira, trepadeira, se debruça
numa oferta floral de boa vizinhança.

Canto e descanto meus vizinhos.
Contei sempre com eles e nunca me faltaram.
Beleza, simbólica maior: o Dia do Vizinho.

O vizinho é a luz da rua. Quando o vizinho viaja e fecha a casa,
é como se apagasse a luz da rua... Indagamos sempre: quando volta?
E quando o vizinho volta, abre portas e janelas
e é como se acendessem todas as luzes da rua
e nós todos nos sentimos em segurança.
Estas coisas nos reinos de Goiás.

CANTO DE ANINHA

Éramos quatro as filhas de minha mãe.
Entre elas ocupei sempre o pior lugar.

MINHA INFÂNCIA

(Freudiana)

Éramos quatro as filhas de minha mãe.
Entre elas ocupei sempre o pior lugar.
Duas me precederam – eram lindas, mimadas.
Devia ser a última, no entanto,
veio outra que ficou sendo a caçula.

Quando nasci, meu velho Pai agonizava,
logo após morria.
Cresci filha sem pai,
secundária na turma das irmãs.

Eu era triste, nervosa e feia.
Amarela, de rosto empalamado.
De pernas moles, caindo à toa.
Os que assim me viam – diziam:
"– Essa menina é o retrato vivo
do velho pai doente".
Tinha medo das estórias
que ouvia, então, contar:
assombração, lobisomem, mula sem cabeça.
Almas penadas do outro mundo e do capeta.
Tinha as pernas moles
e os joelhos sempre machucados,
feridos, esfolados.
De tanto que caía.
Caía à toa.

Caía nos degraus.
Caía no lajedo do terreiro.
Chorava, importunava.

De dentro a casa comandava:
"— Levanta, moleirona".

Minhas pernas moles desajudavam.
Gritava, gemia.
De dentro a casa respondia:
"— Levanta, pandorga".

Caía à toa...
nos degraus da escada,
no lajeado do terreiro.
Chorava. Chamava. Reclamava.
De dentro a casa se impacientava:
"— Levanta, perna-mole..."

E a moleirona, pandorga, perna-mole
se levantava com seu próprio esforço.

Meus brinquedos...
Coquilhos de palmeira.
Bonecas de pano.
Caquinhos de louça.
Cavalinhos de forquilha.
Viagens infindáveis...
Meu mundo imaginário
mesclado à realidade.

E a casa me cortava: "menina inzoneira!"
Companhia indesejável — sempre pronta
a sair com minhas irmãs,
era de ver as arrelias
e as tramas que faziam
para saírem juntas
e me deixarem sozinha,
sempre em casa.

A rua... a rua!...
(Atração lúdica, anseio vivo da criança,
mundo sugestivo de maravilhosas descobertas)
– proibida às meninas do meu tempo.
Rígidos preconceitos familiares,
normas abusivas de educação
– emparedavam.

A rua. A ponte. Gente que passava,
o rio mesmo, correndo debaixo da janela,
eu via por um vidro quebrado, da vidraça
empanada.

Na quietude sepulcral da casa,
era proibida, incomodava, a fala alta,
a risada franca, o grito espontâneo,
a turbulência ativa das crianças.

Contenção... motivação... Comportamento estreito,
limitando, estreitando exuberâncias,
pisando sensibilidades.
A gesta dentro de mim...
Um mundo heroico, sublimado,
superposto, insuspeitado,
misturado à realidade.

E a casa alheada, sem pressentir a gestação,
acrimoniosa repisava:
"– Menina inzoneira!"
O sinapismo do ablativo
queimava.

Intimidada, diminuída. Incompreendida.
Atitudes impostas, falsas, contrafeitas.
Repreensões ferinas, humilhantes.
E o medo de falar...
E a certeza de estar sempre errando...

Aprender a ficar calada.
Menina abobada, ouvindo sem responder.

Daí, no fim da minha vida,
esta cinza que me cobre...
Este desejo obscuro, amargo, anárquico
de me esconder,
mudar o ser, não ser,
sumir, desaparecer,
e reaparecer
numa anônima criatura
sem compromisso de classe, de família.

Eu era triste, nervosa e feia.
Chorona.
Amarela de rosto empalamado,
de pernas moles, caindo à toa.
Um velho tio que assim me via
dizia:
"– Esta filha de minha sobrinha é idiota.
Melhor fora não ter nascido!"

Melhor fora não ter nascido...
Feia, medrosa e triste.
Criada à moda antiga,
– ralhos e castigos.
Espezinhada, domada.
Que trabalho imenso dei à casa
para me torcer, retorcer,
medir e desmedir.
E me fazer tão outra,
diferente,
do que eu deveria ser.
Triste, nervosa e feia.
Amarela de rosto empapuçado.
De pernas moles, caindo à toa.

Retrato vivo de um velho doente.
Indesejável entre as irmãs.

Sem carinho de Mãe.
Sem proteção de Pai...
– melhor fora não ter nascido.

E nunca realizei nada na vida.
Sempre a inferioridade me tolheu.
E foi assim, sem luta, que me acomodei
na mediocridade de meu destino.

MOINHO DO TEMPO

Pé de meia sempre vazio.
Vazios os armários
Seus mistérios desmentidos.

Fechaduras arrebentadas, arrancadas.
Velhas gavetas de antigas
mesas de austeras salas vazias.
Os lavrados que guardavam,
vendidos, empenhados,
sem retorno.
As velhas gavetas
guardam sempre um refugo de coisas
que se agarram às casas velhas e acabam mesmo nos monturos.
As velhas gavetas
têm um cheiro nojento de barata.

As arcas desmanteladas.
Os baús amassados.
Os abastos resumidos.
A fornalha apagada.
Economizado o pau de lenha.
Pelos cantos as aranhas
diligentes, pacientes, emaranham teias.
E a casa grande se apagando,
caindo lance a lance, seus muros de taipa.
E um gato miau, fedendo pelos cantos.

E a gente se apegava aos santos,
tão distantes...

Rezava. Rezava, pedia, prometia...
O tempo foi passando,
os santos, cansados, enfastiados

economizando os milagres do passado.
No fim os compradores de antiguidades
acabaram mesmo levando os oratórios
e os santos, que fossem de madeira,
dando lugar à TV, ao Rádio RCA Victor de sete faixas.

A gente era moça do passado.
Namorava de longe, vigiada.
Aconselhada. Doutrinada dos mais velhos,
em autoridade, experiência, alto saber.
"Moça para casar não precisa namorar,
o que for seu virá".
Ai, meu Deus! e como custava chegar…
Virá! Virá!… Virá virá… quando?
E o tempo passando e o moinho dos anos moendo,
e a roda-da-vida rodando… Virá-virá!
A gente ali, na estaca, amarrada, consumida
de Maria Borralheira, sem madrinha-fada,
sem sapatinho perdido,
sem arauto de príncipe-rei, a procurar
pelos reinos da cidade de Goiás
o pezinho faceiro do sapatinho de cristal,
caído na correria da volta.

A igreja, refúgio e confessionário antigo.
O frade, velho e cansado. Frei Germano, piedoso,
exortando paciente e severo. "Minha filha, a virgindade
é um estado agradável aos olhos de Deus. Olha as santas virgens,
Santa Terezinha de Jesus, Santa Clara, Santa Cecília,
Santa Maria Mãe de Jesus. Deus dá uma proteção especial às virgens.
Reza três ave-marias e uma salve rainha a Nossa Senhora e vai comungar".

A gente saía confortada, ouvia a missa,
cumpria a penitência e comungava humildemente, ajoelhada,
véu na cabeça em modéstia reforçada.

Depois, depois, a solidão de solteira, o sonho honesto de um noivo,
o desejo de filhos,
presença de homem, casa da gente mesma, dona ser. Um lar.
Estado de casada.

A pobreza em toda volta, a luta obscura
de todas as mulheres goianas. No pilão, no tacho,
fundindo velas de sebo, no ferro de brasas de engomar.
Aceso sempre o forno de barro.
As quitandas de salvação, carreando pelos taboleiros
os abençoados vinténs, tão valedores, indispensáveis.
Eram as costuras trabalhadas,
os desfiados, os crivos pacientes.
A reforma do velho, o aproveitamento dos retalhos.
Os bordados caprichados, os remendos instituídos,
os cerzidos pacientes...
Tudo economizado, aproveitado.
Tudo ajudava a pobreza daquela classe média, coagida, forçada
a manter as aparências de decência, compostura, preconceito,
sustentáculos da pobreza disfarçada.
Classe média do após treze de maio.
Geração ponte, eu fui, posso contar.

O poço d'água, a maravilhosa servidão da casa.
Toda a família na dependência do poço, da corda, do balde.
A água lá no fundo, cisterna, também chamada.
Um dia, dia incerto e já previsto o desastre, o transtorno.
Todos atingidos, impressionados, participantes,
da porta da rua ao fundo do quintal. Arrebentou a corda do poço...
gasta e cansada, exausta da sua resistência.
Corda vigente, corda de arrocho, corda de enforcar,
lá se foi com seu pedaço, agarrada ao balde, descansar
no fundo profundo do poço.

A casa toda assanhada, informa: arrebentou a corda do poço.
Vamos tentar a retirada de salvação geral.

Todos participantes, impressionados, coniventes na salvação
do balde, o resto da corda.
A vizinha de lado comparece por cima do muro, oferece seu balde,
dá palpites, solidária.

Uma longa vara, um gancho na ponta a vasculhar
o fundo escuro, em passeio lento e paciente. Assistência,
a torcida geral. Afinal, ponta e gancho enlaçam o que desceu
e sobe triunfante. Faz-se a emenda com perícia,
gente antiga, afeita a essa e outras emergências.
Cada qual aos seus interesses e, volta a casa
à rotina da vida do passado.

Tanta pobreza a contornar.
Tanto sonho irrealizado, tanto abandono.
Tanta água de sonho puxado do poço da imaginação…

Valiam as velhas, seus adágios de sustentação:
conter e reprimir as jovens, dar-lhes esperanças,
ensinar-lhes a paciência, a vontade de Deus.
E a gente a querer abrir uma brecha naquela muralha
parda de pobreza e limitação.

Hoje sobrará para todos mil cruzeiros.
Me faltando sempre o vintém da infância. Bem por isso
mandei fazer um broche de um vintém de cobre
e preguei no meu vestido do lado do coração.

Sentir a presença daquele vintém
pobre da minha infância, tão procurado, tão escasso!…
Sentir a metade daquela bolacha que repartia comigo
o carinho da minha bisavó, na sua pobreza mansa.
Estender de novo minhas pequenas mãos de criança
para as quitandas, broinhas, brevidades
e biscoitos que me dava tia Nhorita,
ela, se findando numa velhice tão bonita
como outra igual não vi.

Seu sorriso de Mona Lisa,
seu mistério de Gioconda.
Ter nos meus braços aquela boneca de loiça vinda de Paris,
de chapeuzinho, enfeite, sua flor minúscula, azul, lá da França.
Sapatinhos e meias, loira, olhos azuis e que dormia...
e que nunca foi minha.
Eu vivia aquela boneca, sonhava e ela sempre ali, inacessível,
na estática da vitrine envidraçada da loja de "Seu" Cincinato.

Voltar à infância... Voltar ao paraíso perdido
de uma infância pobre que pedia tão pouco!
Menino Jesus, sorridente no oratório.
Uma bolinha azul nas mãos poderosas sustentando o mundo.
Ele, tão pequenino e frágil.
Tantos santinhos pobres me protegendo,
tantas velhas me ensinando as regras da vida...
Eu era cega, ceguinha, peticega, sem nada ver.
Mouca, surda,
surdinha, sem nada ouvir...
Chegar hoje a essa evocação dolorida e rude...

Meu vintém de cobre! Arrebentar todas as amarras
e contenções represadas.
Meu vintém! está comigo nestas páginas de escrever.

NASCI ANTES DO TEMPO

Tudo que criei e defendi
nunca deu certo.
Nem foi aceito.
E eu perguntava a mim mesma
Por quê?

Quando menina,
ouvia dizer sem entender
quando coisa boa ou ruim
acontecia a alguém:
fulano nasceu antes do tempo.
Guardei.

Tudo que criei, imaginei e defendi
nunca foi feito.
E eu dizia como ouvia
a moda de consolo:
nasci antes do tempo.

Alguém me retrucou:
você nasceria sempre
antes do seu tempo.
Não entendi e disse Amém.

LAMPIÃO, MARIA BONITA...
E ANINHA

Tenho na parede de minha sala um pôster de Lampião, Maria Bonita
e cangaceiros. Sempre desejei um retrato de Lampião.
[...]
Acontece que sou filha de pai nascido na Paraíba do Norte
e de mãe goiana.
Assim, fui repartida.
Da parte materna, sou mulher goiana, descendente de portugueses.
Do lado paterno, minha metade nordestina, eu um pouco cangaceira.
Daí, Lampião, Maria Bonita, seus cabras e o padrinho Cícero
na parede da minha casa, com muito agrado.

Filha de mãe goiana.
Meu pai nordestino.
Está na pedra do seu túmulo, no velho São Miguel.
Nascido na Paraíba do Norte. Areia.

Meu Pai me trazia nos seus alforjes.
Minha mãe me trazia nos seus secretos embriões.
E um dia... um dia houve.
[...]

Do paterno sou mulher rendeira,
sentada na esteira,
minha perna encolhida, minha perna dobrada,
minha perna estirada.
Minha saia sungada, minha coxa de fora
batendo meus bilros,
tecendo, marcando pontos
de uma renda do norte, uma renda sem fim.

A dura almofada, redonda sem cor.
Sua amostra pregada, alfinetada.

Espinhos agudos de mandacaru.
Minha renda rendendo, dobrada, estirada, enrolada.
Meus sonhos desenrolados
e a dança cantada dos bilros,
trocando, batendo, cantando
uma dança de sonhos.

Meu homem lá na labuta...
na baixa, furando a terra.
Afundando a cacimba
buscando água.
O cabrinha rente
aprendendo a vida.

E um cheiro de cajá maduro
e um canto de galo distante
e um zurro de jegue damasco
do cercado da comadre.

Passou o caminhão, cacho de gente.
Paus de arara.
"Bamos simbora m'ermã..."
"Ainda não. A cacimba tá dando água.
Ao depois".

O caminhão parte.
Parte meu coração
ver partir tanta gente forte, corajosa,
largar seus roçados tangidos da seca, da sua casa,
do seu cercado.
Gente que procura trabalho, só quer trabalhar.

Na mombaça o mundo se acabando.
O estirão da estrada, alastrados e calumbi,
lado a lado.
Eu ali, enredada, partilhando, compartilhando
convivendo com a seca, asselvajada.

Meu homem esperando, devotado ao Juiz do Sertão.

Daí Lampião, Maria Bonita, cangaceiros, padrinho Cícero
na parede da minha casa.
Aninha... meio a meio mulher goiana, mulher rendeira
cangaceira, assimilação
consciente ou não.

MENINA MAL-AMADA

Fui levada à escola mal completados cinco anos.
Eu era medrosa e nervosa. Chorona, feia, de nenhum agrado,
menina abobada, rejeitada.
Ao nascer frustrei as esperanças de minha mãe.
Ela tinha já duas filhas, do primeiro e do segundo casamento
com meu Pai.
Decorreu sua gestação com a doença irreversível de meu Pai,
desenganado pelos médicos.
Era justo seu desejo de um filho homem
e essa contradição da minha presença se fez sentir agravada
com minha figura molenga, fontinelas abertas em todo crânio.
Retrato vivo do velho doente, diziam todos.
Me achei sozinha na vida. Desamada, indesejada desde sempre.
Venci vagarosamente o desamor, a decepção de minha mãe.
Valeu e muito minha madrinha de carregar – Mãe Didi.
Minha vida ao me arrastar pelo chão depois de vários trambolhões
na escada, galo na testa, gritaria e algumas palmadas, da bica d'água
passava para a cozinha em volta da Lizarda, criada da casa, como se dizia.
Cozinheira, dona dos torresmos que ela me dava e que me causavam
constantes diarreias e vômitos. Enquanto ia crescendo, lá pelo terreiro,
suja, desnuda, sem carinho e descuidada, sempre aos trambolhões
com minhas pernas moles.
Ganhei até mesmo um apelido entre outros, perna mole, pandorga,
chorona, manhosa.
Na cozinha Siá Lizarda explorava meus préstimos.
Me punha a escolher marinheiros do arroz, esse era beneficiado
nos monjolos das fazendas e traziam, além da marinhagem,
pedrinhas trituradas que davam trabalho lento de separar.
Também o feijão, embora mais fácil.
Eram meus préstimos em promessas de torresmos com farinha.
Mãe, lá em cima, não tomava conhecimento desses detalhes.

Sempre sozinha, crescendo devagar, menina inzoneira, buliçosa, malina.
Escola difícil. Dificuldade de aprender.
Fui vencendo. Afinal menina moça, depois adolescente.
Meus pruridos literários, os primeiros escritinhos, sempre rejeitada.
Não, ela não. Menina atrasada da escola da mestra Silvina...
Alguém escreve para ela... Luís do Couto, o primo.
Assim fui negada, pedrinha rejeitada, até a saída de Luís do Couto
para São José do Duro, muito longe, divisa com a Bahia.
Ele nomeado, Juiz de Direito.
Vamos ver, agora, como faz a Coralina...
Nesse tempo, já não era inzoneira. Recebi denominação maior,
alto lá! Francesa.
Passei a ser *detraquê*, devo dizer, isto na família.
A família limitava. Jamais um pequeno estímulo.
Somente minha bisavó e tia Nhorita.
Vou contando.

Minha mãe, muito viúva, isolava-se no seu mundo de frustrações,
ligada maternalmente à caçula do seu terceiro casamento.
Eu, perna mole, pandorga, moleirona, vencendo sozinha as etapas
destes primeiros tempos. Afinal, paramos no *detraquê*.

Tudo isso aumentava minha solidão e eu me fechava, circunscrita
no meu mundo do faz de conta...
E vamos trabalhar no pesado. Não ganhar pecha de moça romântica,
que em Goiás não achava casamento.
Tinha medo de ficar moça velha sem casar.
Me apegava demais com Santo Antônio, Santa Anna,
padroeira de Goiás.
Minha madrinha para as dificuldades da vida.

Muito me valeu a escola.
Um dia, certo dia, a mestra se impacientou.
Gaguejava a lição, truncava tudo. Não dava mesmo.
A mestra se alterou de todo, perdeu a paciência,
e mandou enérgica: estende a mão.
Ela se fez gigante no meu medo maior, sem tamanho.

Mandou de novo: estende a mão.
Eu de medo encolhia o braço.

Estende a mão! Mão de Aninha, tão pequena!
A meninada, pensando nalguns avulsos para eles,
nem respirava, intimidada.
Tensa, espectante, repassada.
Era sempre assim na hora dos bolos em mãos alheias.
Aninha, estende a mão. Mão de Aninha, tão pequena.
A palmatória cresceu no meu medo, seu rodelo se fez maior,
o cabo se fez cabo de machado, a mestra se fez gigante
e o bolo estralou na pequena mão obediente.
Meu berro! e a mijada incontinente, irreprimida.
Só? Não. O coro do banco dos meninos, a vaia impiedosa.
– Mijou de medo... Mijou de medo... Mijou de medo...
A mestra bateu a régua na mesa, enfiou a palmatória na gaveta,
e, receosa de piores consequências, me mandou pra casa, toda mijada,
sofrida, humilhada, soluçando, a mão em fogo.

Em casa ganhei umas admoestações sensatas.
A metade compadecida de uma bolacha das reservas de minha bisavó,
e me valeu a biquinha d'água, o alívio à minha mão escaldada.
Ao meu soluçar respondia a casa: "é pra o seu bem, pra ocê aprender,
senão não aprende, fica burra, só servindo pro pilão".
Sei que todo castigo que me davam era para meu bem.
Eu não sabia que bem seria este representado por bolos na mão,
chineladas e reprimendas, sentada de castigo com a carta de ABC na mão.
O bem que eu entendia era a bolacha que me dava minha bisavó
e os biscoitos e brevidade da tia Nhorita.
Estes, entravam no meu entendimento. Do resto não tinha nenhuma noção.

Fui menina chorona, enjoada, moleirona.
Depois, inzoneira, malina.
Depois, exibida. *Detraquê*.
Até em francês eu fui marcada.
Sim, que aquela gente do passado,
tinha sempre à mão o seu francês.

Se souberes viver, no fim te sentirás feliz.
Envelhecer é entrar no reino da grande Paz.
Serenidade maior.
Olhar para frente e para trás,
e dizer: dever cumprido.

O que mais se pode na vida desejar?...
Sentada na margem do caminho percorrido,
ver os que passam, ansiosos, correndo, tropeçando.
E dizer baixinho:
corri tanto quanto você.
E você se quedará, um dia, como eu.

A certeza de ter vivido e vencido
a maratona da vida.

   No Passado

tanta coisa me faltou.
Tanta coisa desejei sem alcançar.
Hoje, nada me falta,
me faltando sempre o que não tive.

Eu era uma pobre menina mal-amada.
Frustrei as esperanças de minha mãe, desde o meu nascimento.
Ela esperava e desejava um filho homem, vendo meu pai doente
irreversível.
Em vez, nasceu aquela que se chamaria Aninha.
Duas criaturas idosas me deram seus carinhos:
minha bisavó e minha tia Nhorita.
Minha bisavó me acudia quando das chineladas cruéis da minha mãe.
No mais, eu devia ser, hoje reconheço, menina enjoada, enfadando
as jovens da casa e elas se vingavam da minha presença aborrecida,
me pirraçando, explorando meu atraso mental, me fazendo chorar
e levar queixas doloridas para a mãe
que perdida no seu mundo de leitura e negócios não dava atenção.
Quem punia por Aninha era mesmo minha bisavó.

Me ensinava as coisas, corrigia paciente meus malfeitos de criança
e exortava minhas irmãs a me aceitarem.
Daí minha fuga para o enorme quintal onde meus sentidos foram se aguçando
para as pequenas ocorrências de que não participavam minhas irmãs.
Minhas impressões foram se acumulando lentamente
e eu passei a viver uma vida estranha de mentiras e realidades.
E fui marcada: menina inzoneira.
Sem saber o significado da palavra, acostumada ao tratamento ridicularizante,
esta palavra me doía.
Certo foi que eu engenhava coisas, inventava convivência com cigarras,
descia na casa das formigas, brincava de roda com elas,
cantava "Senhora D. Sancha", trocava anelzinho.
Eu contava essas coisas lá dentro, ninguém compreendia.
Chamavam, mãe: vem ver Aninha...
Mãe vinha, ralhava forte.
Não queria que eu fosse para o quintal, passava a chave no portão.
Tinha medo, fosse um ramo de loucura, sendo eu filha de velho doente.
Era nesse tempo, amarela de olhos empapuçados, lábios descorados.
Tinha boqueira, uma esfoliação entre os dedos das mãos, diziam: "cieiro".

Minhas irmãs tinham medo que pegasse nelas.
Não me deixavam participar de seus brinquedos.
Aparecia na casa menina de fora, minha irmã mais velha passava o braço
no ombro e segredava: "Não brinca com Aninha não. Ela tem cieiro
e pega na gente".
Eu ia atrás, batida, enxotada.
Infância... Daí meu repúdio invencível à palavra saudade, infância...
Infância... Hoje, será.

MESTRA SILVINA

Vesti a memória com meu mandrião balão.
Centrei nas mãos meu vintém de cobre.
Oferta de uma infância pobre, inconsciente, ingênua,
revivida nestas páginas.

Minha escola primária, fostes meu ponto de partida,
dei voltas ao mundo.
Criei meus mundos…
Minha escola primária. Minha memória reverencia minha velha Mestra.
Nas minhas festivas noites de autógrafos, minhas colunas de jornais
e livros, está sempre presente minha escola primária.
Eu era menina do banco das mais atrasadas.

Minha escola primária…
Eu era um casulo feio, informe, inexpressivo.
E ela me refez, me desencantou.
Abriu pela paciência e didática da velha mestra,
cinquentanos mais do que eu, o meu entendimento ocluso.
A escola da Mestra Silvina…
Tão pobre ela. Tão pobre a escola…
Sua pobreza encerrava uma luz que ninguém via.
Tantos anos já corridos…
Tantas voltas deu-me a vida…

No brilho de minhas noites de autógrafos,
luzes, mocidade e flores à minha volta, bruscamente a mutação se faz.
Cala o microfone, a voz da saudação.

Peça a peça se decompõe a cena,
retirados os painéis, o quadro se refaz,
tão pungente, diferente.

Toda pobreza da minha velha escola
se impõe e a mestra é iluminada de uma nova dimensão.

Estão presentes nos seus bancos
seus livros desusados, suas lousas que ninguém mais vê,
meus colegas relembrados.
Queira ou não, vejo-me tão pequena, no banco das atrasadas.
E volto a ser Aninha,
aquela em que ninguém
acreditava.

OS ABORRECIMENTOS DE ANINHA

Meus vestidos de menina…
pregados – saia e corpo.
Abotoados na cacunda.
Pala rodeada de babados
que eu mordiscava, mascava,
estragava. Mãe ralhava.
Falta de cálcio, vitamina, alimentação,
leite, ovos, esclarecida depois do tempo.
Vício, dizia a casa. Filha de velho doente.

Meus vestidos… corpo pregado.
Um cinto estreito de permeio.
Gola no pescoço, mangas compridas,
saia franzida,
barra redobrada.
Aninha podia crescer e perder o vestido,
ficar curto, coisa assim, de grande perigo.
Também o borzeguim, um ponto acima.
Meu pequenino pé de folga, perdido no espaço largo.
Podia crescer e perder o borzeguim.
Borzeguim… quem fala ou escreve mais esta palavra…
sabe a menina do presente o que seja calçar um borzeguim?
Meia listrada na horizontal, amarrada com tiras de pano,
caídas, de boba que eu era, filha de velho doente.

Os panos de meus vestidos… Toale de Vichi.
Prete noir, dizia colorida estampa colada na peça.
Preto e branco, outros azulentos, empastados, feiosos.
Eu queria pano ramado, florido, não podia.
Isto era para gente moça, sempre a mesma repetição.
Pala, babado, rodeando para ser alcançado,
babado, mascado de Aninha, feiosa, seus vestidos iguais,
enjoados.
Pano reforçado, barra redobrada, duráveis.

"Vestido de escola"... Chegar em casa, trocar.
Vestidinho caseiro de riscado, costurado de minha bisavó.
Mandrião folgado de não acabar, chinelinha nos pés.
Borzeguim... sempre o borzeguim guardado debaixo da cama.
Debaixo da cama... quanta coisa se guardava e se escondia.
Debaixo da cama...
Debaixo do colchão... Dinheiro, principalmente,
alguma notinha de 1.000 réis, 2.000 réis.
A gente ter ali, no escondido.
"De repente acontece alguma coisa"...
E a notinha dobrada, escondida, pronta a acudir a precisão.
Meu Deus! debaixo da cama tinha um mundo de guardados esquecidos.
Imprestáveis, intocáveis, eternizados.
Era um depósito, e que ninguém bulisse naquilo.

Meu vestido branco de damacê... desenhos lavrados no tecido,
flores, figuras geométricas, até passarinho.
Pala, babado de bordado.
Fita azul no ombro, vestido pregado, refegado,
pra descer quando crescer. Laçarote na cintura,
borzequim novo chiante de amarrar.
Sofia Martins, costureira por intuição, recém-casada,
vizinha, praticou o primor.

Era o Crisma, o último cerimonial pelo bispo, Dom Eduardo Duarte da Silva.
Saía de Goiás, aborrecido, para não mais retornar.
Minha madrinha – Mestra Silvina.
Eu, faceira, cabelo solto, amarrado com fita azul,
repuxado para trás.
Queria penteado diferente, coisa linda.
Via com as outras. Não podia. Meu cabelo não dava.
Pouco, liso e fino – herança de meu pai.
Tudo que não alcancei na vida, devo ao meu cabelo...
liso, pouco, fino, nunca deu penteado de moda.
Daí meus fracassos e derrotas.
Pouco, liso e fino – herança de meu pai.

Carreguei sempre esta herança paterna.
Vida de criança...
Vidinha de Aninha, a mal-amada, a mal-aceita,
retrato vivo de um velho doente.

Minha irmã Germana, vestido todo fitas e rendas,
oferecido pela madrinha – Anoca Santa Cruz.
Anoca Santa Cruz... elegante, viva, alegre, de comunicação
(diriam hoje).
Naquele tempo, dada, desembaraçada, espirituosa.
Liderava a sociedade goiana, era ouvida em organização de festas.
O Palácio nada fazia, no sentido social, sem ouvi-la.
Entregava-lhe a direção.
Inventava, figurinava. Figurinou moda:
penteado alto, barrete frígio, símbolo republicano recém-implantado.
Um dia, lançou novidade, nunca vista, sonhada sequer:
ramo de pimenta malagueta no penteado.

Sei que as pimenteiras foram desgalhadas.
Não sobrou moça na cidade que não tivesse no cabelo,
seu ramo de pimenta.
Anoca Santa Cruz foi madrinha de minha irmã.
Eu, Mestra Silvina, tendo sido mestra de minha mãe,
estimada, respeitada por ela.
Minha irmã caçula, sua madrinha – uma velha gorducha,
redonda, conversadeira, gente de São Pedro, de apelido Taíca,
povo do lado do Pai.
Deu o vestido pronto e uma boneca de "loiça", no dizer de minha bisavó.

Era de praxe o presente da madrinha.
A gente esperava, enfeitava, antecipava o ganho, o presente.
Imaginava, acrescentava.
Tão raro criança ganhar presente
naquele longínquo fim de 1894.
Saía de Goiás, Dom Eduardo Duarte da Silva.
Aquele Crisma – sua última cerimônia litúrgica

na Capela do Seminário.
Eu, menina boba, medrosa, filha de velho doente, com medo do Crisma.

Impreparada para o cerimonial.
O bispo alto, robusto, sua veste episcopal,
ampla, vermelha, fulgurante.
Aquela imponência litúrgica, impondo crisma – Santos Óleos
na testa dos neófitos, um latim arcaico confirmando o batismo.
No silêncio da capela, um choro convulso de crianças intimidadas.

OFERTAS DE ANINHA (AOS MOÇOS)

Eu sou aquela mulher
a quem o tempo
muito ensinou.
Ensinou a amar a vida.
Não desistir da luta.
Recomeçar na derrota.
Renunciar a palavras e pensamentos negativos.
Acreditar nos valores humanos.
Ser otimista.

Creio numa força imanente
que vai ligando a família humana
numa corrente luminosa
de fraternidade universal.
Creio na solidariedade humana.
Creio na superação dos erros
e angústias do presente.

Acredito nos moços.
Exalto sua confiança,
generosidade e idealismo.
Creio nos milagres da ciência
e na descoberta de uma profilaxia
futura dos erros e violências do presente.

Aprendi que mais vale lutar
do que recolher dinheiro fácil.
Antes acreditar do que duvidar.

LEMBRANÇAS DE ANINHA
(COLHE DOS VELHOS PLANTADORES...)

Colhe dos velhos plantadores que sabem com jeito e experiência
debulhar as espigas do passado e dar vida aos cereais da vivência.
Quanta informação antiga, quanta sabedoria inaproveitada...
O passado não volta, nem os mortos deixam suas covas
para contar estórias aos vivos.
Ninguém me alertou o entendimento. Meu avô, tia Nhorita, tia Nhá-Bá,
Tio Jacinto, Dindinha, a grande mágica Dindinha.
Alguns estranhos diziam: Dona Dindinha.
Passei pelas minas e não soube mineirar,
daí a cascalheira das minhas frustrações.

CRIANÇA NO MEU TEMPO

*A criança faltosa, inconsciente,
apanhada, destruída.
Ré... ré... ré... de crimes sem perdão.
E eles, enormes, gigantescos, poderosos,
donos de todas as varas, aplaudidos.*

ANTIGUIDADES

Quando eu era menina
bem pequena,
em nossa casa,
certos dias da semana
se fazia um bolo,
assado na panela
com um testo de borralho em cima.

Era um bolo econômico,
como tudo, antigamente.
Pesado, grosso, pastoso.
(Por sinal que muito ruim).

Eu era menina em crescimento.
Gulosa,
abria os olhos para aquele bolo
que me parecia tão bom
e tão gostoso.

A gente mandona lá de casa
cortava aquele bolo
com importância.
Com atenção.
Seriamente.
Eu presente.
Com vontade de comer o bolo todo.

Era só olhos e boca e desejo
daquele bolo inteiro.

Minha irmã mais velha
governava. Regrava.
Me dava uma fatia,

tão fina, tão delgada...
E fatias iguais às outras manas.
E que ninguém pedisse mais!
E o bolo inteiro,
quase intangível,
se guardava bem guardado,
com cuidado,
num armário, alto, fechado,
impossível.

Era aquilo uma coisa de respeito.
Não pra ser comido
assim, sem mais nem menos.
Destinava-se às visitas da noite,
certas ou imprevistas.
Detestadas da meninada.

Criança, no meu tempo de criança,
não valia mesmo nada.
A gente grande da casa
usava e abusava
de pretensos direitos
de educação.

Por dá-cá-aquela-palha,
ralhos e beliscão.
Palmatória e chineladas
não faltavam.
Quando não,
sentada no canto de castigo
fazendo trancinhas,
amarrando abrolhos.
"Tomando propósito"
Expressão muito corrente e pedagógica.

Aquela gente antiga,
passadiça, era assim:
severa, ralhadeira.

Não poupava as crianças.
Mas, as visitas...
– Valha-me Deus!...
As visitas...
Como eram queridas,
recebidas, estimadas,
conceituadas, agradadas!

Era gente superenjoada.
Solene, empertigada.
De velhas conversas
que davam sono.
Antiguidades...

Até os nomes, que não se percam:
D. Aninha com Seu Quinquim.
D. Milécia, sempre às voltas
com receitas de bolo, assuntos
de licores e pudins.
D. Benedita com sua filha Lili.
D. Benedita – alta, magrinha.
Lili – baixota, gordinha.
Puxava de uma perna e fazia crochê.
E, diziam dela línguas viperinas:
"– Lili é a bengala de D. Benedita".
Mestra Quina, D. Luisalves,
Saninha de Bili, Sá Mônica.
Gente do Cônego Padre Pio.

D. Joaquina Amâncio...
Dessa então me lembro bem.
Era amiga do peito de minha bisavó.

Aparecia em nossa casa
quando o relógio dos frades
tinha já marcado 9 horas
e a corneta do quartel, tocado silêncio.
E só se ia quando o galo cantava.

O pessoal da casa,
como era de bom-tom,
se revezava fazendo sala.
Rendidos de sono, davam o fora.
No fim, só ficava mesmo, firme,
minha bisavó.

D. Joaquina era uma velha
grossa, rombuda, aparatosa.
Esquisita.
Demorona.
Cega de um olho.
Gostava de flores e de vestido novo.
Tinha seu dinheiro de contado.
Grossas contas de ouro
no pescoço.

Anéis pelos dedos.
Bichas nas orelhas.
Pitava na palha.
Cheirava rapé.
E era de Paracatu.
O sobrinho que a acompanhava,
enquanto a tia conversava
contando "causos" infindáveis,
dormia estirado
no banco da varanda.
Eu fazia força de ficar acordada
esperando a descida certa
do bolo

encerrado no armário alto.
E quando este aparecia,
vencida pelo sono já dormia.

E sonhava com o imenso armário
cheio de grandes bolos
ao meu alcance.

De manhã cedo
quando acordava,
estremunhada,
com a boca amarga,
– ai de mim –
via com tristeza,
sobre a mesa:
xícaras sujas de café,
pontas queimadas de cigarro.
O prato vazio, onde esteve o bolo,
e um cheiro enjoado de rapé.

AQUELA GENTE ANTIGA – I

Aquela gente antiga era sábia
e sagaz, dominante.
"Criançada, para dentro",
quando a gente queria era brincar.
Isto no melhor do pique.
"Já falei que o sereno
da boca da noite faz mal…"
Como sabiam com tanta segurança
e autoridade?
Eram peritas em classificar as frutas:
quente, fria e reimosa.

Quente, abriam perebas nas pernas, na cabeça,
pelos braços.
Fria, encatarroava, dava bronquite.
Reimosa, trazia macutena.

AQUELA GENTE ANTIGA – II

Aquela gente antiga explorava a minha bobice.
Diziam assim, virando a cara como se eu estivesse distante:
"Senhora Jacinta tem quatro fulores mal falando.
Três acham logo casamento, uma, não sei não, moça feia num casa fácil."

Eu me abria em lágrimas. Choro manso e soluçado...
"Essa boba... Chorona... Ninguém nem falou o nome dela..."
Minha bisavó ralhava, me consolava com palavras de ilusão:
sim, que eu casava. Que certo mesmo era menina feia, moça bonita.
E me dava a metade de uma bolacha.
Eu me consolava e me apegava à minha bisavó.
Cresci com os meus medos e com o chá de raiz de fedegoso,
prescrito pelo saber de minha bisavó.
Certo que perdi a aparência bisonha. Fiquei corada
e achei quem me quisesse.
Sim, que esse não estava contaminado dos princípios goianos,
de que moça que lia romance e declamava Almeida Garrett
não dava boa dona de casa.

A MANA

Quanto mais enérgicos e ríspidos fossem os pais, maior
soma de elogios e gabos captavam, avantajados na aura
dos louvores.
"Esta senhora sabe criar os filhos..."
Isto se dizia quando da notícia de uma tunda de taca,
dessas de precisar panos piedosos de salmoura, corretivos
de faltas infantis de que a criança não tinha consciência.
Humilhação maior, domínio sobre a criança, esta era não raro
amarrada com fio de linha na perna da mesa, o sadismo, sobretudo, da mãe.
Não amarravam o menino traquinas, levado,
dobravam a personalidade da criança.

Havia nas famílias do passado, família numerosa, sempre,
uma figura imperial, ouvida e obedecida. Enérgica e soberana.
A mãe cansada, esgotada de partos sucessivos,
entremeados, não raro, de prematuros e hemorragias,
delegava na filha mais velha sua autoridade materna.
Esta assumia a responsabilidade de cuidar dos irmãos menores
quase autoritária e despótica com direitos de ásperas correções
e castigos corporais.
Ela se fazia autoridade na casa. Mandava e desmandava, comandava severa,
autoritária e vaidosa.
Do governo dos irmãos passava em pouco tempo a toda casa.
Era prepotente, enérgica e vigilante. Tinha a sua vaidade.
Queria ser "a tal", em autoridade e comando.
A mãe estafada, aceitava paciente o jugo que a libertava do fardo
que seu enfraquecimento físico não suportava
e a jovem, malpassada da adolescência, perdia o nome de batismo,
passava entre os irmãos a ser a Mana, ou melhor, senhora Mana.

As mulheres do passado não sabendo ser carinhosas,
que aquele tempo de dureza e severidade não ajudava,
tornavam-se cruéis, não perdoando nenhuma falta.

Foi numa dessas casas que aconteceu de o menino, irmão menor, que vendia tabuleiro, voltar com a falta de um vintém.
A mana revisou a conta, verificou, alarmou: "Tá faltando um vintém!"
"Eu não sei. Eu não perdi. Eu não vendi fiado. Eu não comi nenhum bolo", retrucou o menino.
"Deixa de treita, Zequinha, dá conta do vintém, senão ocê entra na taca."
"Não sei nada não," gritava o Zequinha enfezado, "não sei desse desgraçado, não sei dele não, já falei".
E zapt, e zapt e zapt, e a taca desceu forte.
O Zequinha quis escapulir, e a mana o sujigou. Nu rateio da criança a mana, agarrada à aba do paletozinho,
sentiu na mão uma coisa gosmenta. Parou, largou.
"O que foi?" Um ovo de galinha, quebrado, estava ali no bolso do Zequinha.
"Taí o vintém. A mulher comprou um bolo e pagou com um ovo, eu botei no borso e se esqueci. Taí ele".
A taca já tinha deixado vergão, então a mana, fraternalmente, lascou mais duas tacadas em reforço.
Uma de castigo por ter quebrado o ovo
e outra "pra d'outra vez" não se esquecer.
Tempo Velho…

CRIANÇA

Entre os adultos, antigamente, a criança não passava
de um pequeno joguete. Não chegava a ser incômoda,
porque nem mesmo tinha o valor de incomodar.
Mal chegava aos quatro, cinco anos,
tinha qualquer servicinho esperando.
Bem diziam os mais velhos: "serviço de criança é pouco
e quem o perde é louco".
Era uma coisa restringida, sujeitada por todos os meios discricionários
a se enquadrar dentro de um molde certo, cujo gabarito era o adulto.
"Olha a filha de fulano, olha a sua prima, elas não fazem isso…
Por que ocê não há de ser como elas?
Aprende com sua parenta, vê que educação bonita ela tem…
Olha a filha da vizinha, que moça bem-educada!…"
"Toma propósito, menina", era este o estribilho da casa.
A criança tinha só cinco, seis anos e devia se comportar
como tias e primas, as enjoadas filhas da vizinha, os moldes apontados.
Sem a compreensão de seus responsáveis, sem defesa e sem desculpas,
vítimas desinteressantes de uma educação errada e prepotente
que ia da casa à escola, passando por uma escala de coerções absurdas,
a criança se debatia entre as formas anacrônicas e detestáveis
de castigos e repreensões disciplinares, do puxão de orelhas ao beliscão
[torcido,
o cocre que tonteava, até as chineladas de roupa levantada
em cima da pele, e não raro a palmatória.
Isso, sem falar nos piores, interessando a sua vida psicopatológica.

Havia, ainda, disciplinas mais suaves e não menos impiedosas,
como seja, ficar a menina sentada no canto de castigo,
sua tarefa de trancinha ou abrolhos para amarrar, carta de "ABC" na mão,
amarrados no pescoço, tempo esquecido, cacos de louça, acaso quebrada.
O menino peralta, arteiro, inquieto, era contido na sua vivacidade
e daninheza, como se dizia, amarrado no pé da mesa.
A palavra dos velhos era ouvida com respeito, estribada nos calços
da experiência e seus estímulos se faziam consideráveis.

NORMAS DE EDUCAÇÃO

Tinha sido o aniversário daquela senhora.
Uma sua amiga tinha lhe mandado, à moda do tempo, bandeja de doces.
Dois pratos: manjar e pudim. Duas compoteiras.
Doces em calda: figo e caju.
A mãe separou as compoteiras e franqueou para as filhas os perecíveis.
Ávidas, insaciáveis, logo deram conta da parte franqueada.
Passaram a goderar o reservado que ficara esquecido
por inapetência, por descuido.
Certo foi que a mais espevitada e audaciosa pediu
se podia comer aqueles da reserva.
A mãe levantou-se num impulso frenético, tomou das compoteiras,
desceu a escada e despejou o conteúdo na lama do terreiro
onde as galinhas ciscavam vermes.
As meninas, olhando abobadas, sem entender a lição.
A dona sumiu-se lá para dentro a retomar suas leituras infindáveis,
enquanto as crianças baixavam no lameiro e passavam a catar e comer
os doces, antes que chegassem as galinhas.
Era assim antigamente.

Criança não valia mesmo nada. Entendia por acaso dessas normas de
[Educação?
Nada era natural e os menores não tinham direitos.
E olha lá, que num passado que não foi meu, tinha sido bem pior.
Contavam os antigos.

Tudo de melhor para os adultos,
para as crianças, prato feito, regrado, medido.
Coisas boas, guardadas, defendidas no alto dos armários,
fechados a chave e estas dependuradas no cós da saia das que mandavam.

Às vezes emboloravam, jogava-se no cano, rio abaixo.
Mania de gente antiga, esconder das escravas sempre famintas,
sua ração restrita, falta de açúcar, frutas.

Comiam mesmo os embolorados azedados. Estes eram distribuídos:
"inda serve sinhá" e comiam famintas.
Já não havendo escravas, permaneceu o hábito de guardar
fora do alcance das crianças, incapazes de atingir os escondidos,
tirar às ocultas, limitadas e medrosas que eram das duras chineladas
que faziam a parte pedagógica da formação doméstica.

Lembro da minha insatisfação com o que me davam
em racionamento constante: chocolate.
Coisa mais gostosa do meu mundo, feito com tabletes de chocolate Beringh,
raspado e batido com gema e açúcar,
até perder o cheiro característico do ovo.
Faziam nas casas pela manhã, me davam uma tigelinha minúscula,
tigela grande, tigelona enorme para os adultos.
Eu ali goderando sem mais.
Meu desejo de criança, escondido, reservado, dissimulado, de crescer,
virar gente grande e me fartar de chocolate com cacau Beringh
e gema batida. Cheiro de ovo, nas coisas boas que se faziam,
era defeito capital, censurado, castigado.
O ovo tinha que ser batido até ficar daquele jeito
aceito pelo paladar exigente e apurado dos homens da casa.
Estes tinham no tempo uma forma típica de rejeição ao menor deslize:
cruzavam os talheres, deixavam o prato ou a tigela,
tomavam o chapéu e saíam sem palavra, quando não reagiam, duros.
As donas, responsáveis, sentiam a desfeita, assanhavam-se,
ralhavam, esbravejavam lá pela cozinha, em correções ásperas.

Havia sempre uma culpada, ignorante, infeliz, humilhada:
"Já ensinei tantas vezes... Já cansei de falar, você não cria
vergonha na cara..." Que se defendesse a coitada...
Molho de chaves na cabeça, orelha torcida, murro na boca, na cara,
nariz sangrando. Indefesas...
Algumas já levavam antecipadamente as mãos à cabeça se defendendo
da penca de chaves, que vinha na certa.

A pobreza da roça e da cidade achando-se em "graças a Deus"
por terem um canto, um trapo, um restolho e os ensinos.

Estavam de caridade, aprendendo para saber
quando fossem grandes saberiam agradecer.

A casa não queria namoro, menos ainda casamento,
não ajudavam, criavam trapaça.
Inventavam defeitos no pretendente, metiam em troça,
ridicularizavam, escarninhos e cruéis.
Queriam mesmo era o serviço ali no pilão, torrando, socando, peneirando
o café, mamona para o azeite das lamparinas, o sabão de cinza,
a boca do forno, a fazeção de quitandas, o almoço na mesa às nove horas,
o taboleiro na rua às onze.
Sempre ficava para elas, alguns queimados, as rapas, os lambidos, as
[lambidelas.
Tudo poupado, guardado, tudo arrasto de barato no comércio.
Comer pouco era norma de educação.
Comer de fartar era vergonha, diziam que a gente tinha fome canina,
era esfomeada, envergonhando a família.
Nenhuma palavra de apoio, de estímulo, nenhum elogio.
Censuravam, ridicularizavam. Sadismo e masoquismo mancomunados.
Não ensinavam, determinavam, impunham, castigavam. Exigiam, enérgicas
e absolutas, donas do saber e do mundo. Acreditavam-se caridosas.
Quando algum pretendente conseguia, por milagre de Santo Antônio,
varar o cerco e penetrar na fortaleza para o noivado,
quem o recebia e fazia "sala" era uma das vigilantes da casa, mana ou tia,
jamais chamar a pretendente.
Esta ficava enfiada na despensa, no quarto, olhando pelo buraco da
[fechadura,
palpitante e risonha, abobalhada e, até mesmo, feliz.

Meninas, não aceitavam delas senão a linguagem corriqueira
e vulgar da casa.
Palavrinha diferente apanhada no almanaque ou trazida de fora,
logo a pecha de sabichona, D. Gramática, pernóstica, exibida.
Um dia fui massacrada por ter falado lilás em vez de roxo-claro.
E a gente recolhia a pequena amostragem, melhoria, assimilada de vagas
leituras de calendário, folhinha Garniê e se enquadrava no bastardo doméstico.

A gente era vigiada, tinha uns preceitos arrasantes de ridicularizar,
reduzir e limitar as jovens personalidades,
as pencas de chaves ali enganchadas no cós das saias.
Graças a Deus que os armários e gavetas tiveram seus fechos arrebentados
e toda gente anda farta nestes tempos de carestia,
arrotando alto, poderia dizer.

Não existe mais o arroto constante do passado nem o mau hálito,
nem crianças comendo de ração, nem percevejo nas camas, nem disputa
na mesa pelo osso do frango, nem briga entre irmãs
pelos restos que os velhos deixavam nos pratos…

Digo sempre: "Jovens, agradeçam a Deus todos os dias
terem nascido nestes tempos novos…"

SEQUÊNCIAS

Eu era pequena. A cozinheira Lizarda
tinha nos levado ao mercado, minha irmã, eu.
Passava um homem com um abacate na mão e eu inconsciente:
"Ome, me dá esse abacate..."
O homem me entregou a fruta madura.
Minha irmã, de pronto: "vou contar pra mãe que ocê pediu abacate na rua".
Eu voltava trocando as pernas bambas.
Meus medos, crescidos, enormes...
A denúncia confirmada, o auto, a comprovação do delito.
O impulso materno... consequência obscura da escravidão passada,
o ranço dos castigos corporais.
Eu, aos gritos, esperneando.
O abacate esmagado, pisado, me sujando toda.
Durante muitos anos minha repugnância por esta fruta
trazendo a recordação permanente do castigo cruel.
Sentia, sem definir, a recreação dos que ficaram de fora,
assistentes, acusadores.
Nada mais aprazível no tempo, do que presenciar a criança indefesa
espernear numa coça de chineladas.
"É pra seu bem", diziam, "doutra vez não pedi fruita na rua".

PAI E FILHO

Não são os filhos que nos devem. São os pais que devem a eles.

Estatuto do passado. Resquício do Pater Familias
do Direito Romano – O Pai tem todos os direitos
e o filho, todos os deveres.
Assim era, assim foi.
Hoje, sem precisar leis, nem decretos, nem códigos, pela força
da evolução humana, através de séculos, vencendo resistências,
ab-rogando artigos e parágrafos, se fez o inverso.
O Pai tem todos os deveres e o filho todos os direitos.
Princípio de justiça incontestado pelos próprios pais
e juízes destes tempos novos.

Nego o amor dos pais do passado, salvante exceções.
O que eles sentiam era o orgulho da posse, o domínio sobre sua
[descendência.
Tudo, todos, judiciários e adultos. Sua hermenêutica
sutil de leis, interpretação, a favor dos adultos.
Os adultos, pai ou mãe, levavam sempre o melhor. Aí estão os inventários
antigos. Os velhos autos comprovando interesses mesquinhos, fraudes,
despojando filhos menores, indefesos, de bens a eles devidos.
Na casa antiga, castigos corporais e humilhantes, coerção,
atitudes impostas, ascendência férrea, obediência cega.
Filhos foram impiedosamente sacrificados e despojados.
E para alguma rebeldia indomável, lá vinha a ameaça terrível, impressionante
da maldição da mãe, a que poucas resistiam.
Do resto prefiro não esmiuçar.

ONTEM

Os adultos, todos poderosos, solidários, coautores, corregedores.
Juízes de suas justiças.
Altaneiros em lições altissonantes, humilhantes
para que todos soubessem se exemplar.
A criança faltosa, inconsciente, apanhada, destruída.
Ré... ré... ré... de crimes sem perdão.
E eles, enormes, gigantescos, poderosos,
donos de todas as varas, aplaudidos.

Esta senhora, sim, sabe criar a família...
Isto quando corria a notícia de uma tunda das boas,
e mais castigos humilhantes.
Ao choro, respondia a casa, os ilesos, saciados, regozijantes –
"bem feito, perdidas as que foram no chão".
O sadismo, o masoquismo, o requinte: a menina errada, agarrada,
sujigada entre pernas adultas, virado seu traseiro, levantado
seu vestido, saiote, descida sua calcinha em chineladas cruéis
no traseiro desnudado, na pele sensível.

A reação incontida da criança, a mijada inconsciente,
a ânsia nervosa, o vômito, o intestino solto.
Acrescido o castigo: sentada no canto,
a carta de ABC na mão, a lição sabida.

DE COMO ACABOU, EM GOIÁS, O CASTIGO DOS CACOS QUEBRADOS NO PESCOÇO[2]

Foi com a morte da menina Jesuína. Era minha bisavó quem contava. Eu era pequena, ouvia e chorava. Me parecia eu mesma, a pequena da estória.

Havia na cidade, contemporânea de minha bisavó, uma tal de D. Jesuína, senhora apatacada, dona de Teres-Haveres. Sempre encontrada nos velórios, muito solidária com a morte e com os vivos, ali permanecia invariavelmente até que os galos amiudassem. Tinha seus escravos de serviço e de aluguel, entre estes a escrava de dentro, de nome Prudência. Está no completo. Nas medidas exigentes do tempo. Sem preço. Deu a sua Sinhá vários crioulos de valor que mais enricaram a velha dona. No fim veio aquela que tomaria o nome de Rola, afilhada e alforriada na Pia, o que era legal e usado no tempo. Rola teve casamento de capela fechada, dizendo sua condição de moça-virgem.

Não tardou muito por essas e tais razões e sofismas, a se representar hética. Diziam: gálico do marido. Certo que depois de várias vomitações de sangue (hemoptises) que a levaram, deixou no mundo uma menina que a madrinha batizou também com seu próprio nome – Jesuína. A pequena, um fiapo de gente, veio para os braços da avó, trazida pela Sinhá Madrinha. Filha de mãe hética, débil, franzina, foi espigando devagarinho, imperceptivelmente, mamando no seio fecundo da negra avó que fez renascer o seu veio de leite por amor à neta. Certo, ia vivendo e crescendo dentro das regras do tempo velho. Nem escrava, nem forra. Meio a meio em boa disciplina.

Não era má, D. Jesuína, antes de boa justiça, madurona, severa, experiente.

Jesuína encostou-se afinal nos dez anos. Magrinha, grandes olhos de espanto para a vida. Medrosa, obediente, agarrada a sua regalia uma boneca de pano que a madrinha teve a bondade de consentir.

---

2 Este texto sempre apareceu com o título de NOTA no sumário, o que dificultava a sua localização pelos interessados. Optou-se, aqui, pelo subtítulo.

Em qualquer pequena falta, a ameaça: "olha que eu tomo a boneca..."
A menina apertava a bruxa no peito magro e se espiritava.

Tinha algumas obrigações. Varria a casa, apanhava o cisco. Lavava umas tantas peças de louça e aprendia a ler. Tinha, nas vagas, sua carta de ABC, sentadinha no canto, tomando propósito.

Dormia numa esteirinha nos pés da grande marquesa de sobrecéu armado, da madrinha. Velhos pedaços de forro eram a coberta.

A obrigação: de pela manhã descerrar os tampos da janela, apagar a lamparina de azeite, chegar as chinelas nos pés reumáticos da madrinha, apresentar o urinol para os alívios da velha. Regra certa, imutável, consolidada, sem variação. Um chamado – Jesuína, a menina de pé, pedindo a bênção, praticando a obediência.

Aconteceu que um dia a tampa da terrina escapuliu das mãos da menina e escacou. Foi um escarcéu. Dona Jesuína estremeceu em severidades visíveis, e se conteve: "que não fizesse outra..."

Teria contudo de ser castigada, exemplada: um colar de cacos quebrados no pescoço e a bruxa consumida. Proibido chorar. Assim era e assim foi. Coisas do tempo velho. A cacaria serrilhada, amarrada a espaço num cordão encerado, ficava como humilhante castigo exemplar, de que todos se riam até que num longínquo dia-santo alguém se lembrasse de punir por aquela retirada.

No caso da menina continuava. Dormia e acordava com seu colar de pedaços desiguais e serrilhados de jeito a permanência. Tinha nas casas gente afeita a essas artes, elaboravam com simetria e gosto maldoso. Naqueles tempos refastados, qualquer castigo agradava e eram agravados com motes e aprovação convincentes.

Aconteceu que, naquela noite, D. Jesuína foi acordada com uns resmungos, gemidos, quase, vindos da esteirinha. Ralhou: "aquieta, muleca, deixa a gente durmi..."

Tudo aquietou e a noite continuou seu giro no espaço e no tempo. Na alcova, o círculo amarelo da velha lamparina de azeite. Os quadros de santos imóveis nas paredes. Depois novo resmungo, uns gemidinhos, coisa de menor.

De novo, a velha da sua alta marquesa: "vira de banda menina, isso é pisadeira, não vai mijá na esteira..."

O silêncio se fez. A velha voltou ao sono, acordou nas horas. "Jesuína, Jesuína." Nada de resposta. Comentou: "pois é, enche o bucho, vem pisadeira, não deixa durmi, e de manhã ferra no sono".

A lamparina, sua luz escassa e amarelada em meia claridade. D. Jesuína desceu as pernas, os pés deram num molhado visguento e frio. – "Pois é, enche a barriga e ainda suja na esteira..." Jesuína gritou forte. No silêncio da alcova os santos veneráveis, frios, hieráticos. A velha abriu a janela num repelão.

Abaixou, sacudiu a menina. Recuou. A criança estava fria, endurecida e morta. A esteirinha encharcada. Durante a noite, no sono, uma aresta mais viva de um dos cacos serrilhados tinha cortado uma veiazinha do seu pescoço, e por ali tinha no correr da noite esvaído seu pouco sangue e ela estava enrodilhada, imobilizada para sempre.

A notícia correu. As amigas de D. Jesu vieram e deram pêsames, justificando: foi a mãe que veio buscar a filha.

Foi assim, com o sacrifício da menina Jesuína, desaparecendo em Goiás o castigo exemplar do colar de cacos quebrados no pescoço. Quando chegou a minha vez, já era só um caco.

No meu sono de criança, tinha a sensação de uma sombra debruçada sobre mim. Era minha bisavó ajeitando o caco, tirando para fora da coberta.

Não fosse acontecer com Aninha o que acontecera com a menina Jesuína, cria da D. Jesu.

PARAÍSO PERDIDO

*Eram essas coisas na Fazenda Paraíso.
E como todo paraíso,
só valeu depois de perdido.*

NA FAZENDA PARAÍSO

Na Fazenda Paraíso, grandes terras de Sesmaria, nos dias
da minha infância ali viviam meu avô, minha bisavó Antônia,
que todos diziam Mãe Yayá, minha velha tia Bárbara, que era tia Nhá-Bá.
Essa governava a casa da cozinha ao coalho, passando pela copa,
onde fazia o queijo com o coalho natural e guardava os potes
sempre cheios de doce, e tinha uma pequena forma de açúcar,
coberta de barro, inviolada para uso exclusivo dela e da velha mãe.
Era um açúcar todo especial da garapa coada e mel espumado.
Essa tia, que renunciara ao casamento para melhor garantia
do seu lugar no céu, tinha se extremado em limpeza e asseio,
zelo pela administração da casa, amor à capela da fazenda
                  [e cuidados com a velha mãe.
Tinha a sua horta, canteiros de couve e cebolinha verde,
salsa, hortelã e ervas-santas, milagrosas, de curar.
Pimenteiras não faltando, mostarda e sarralhas,
tomatinho por todos os lados.
Rodeando o cercado, plantas de fumo, suas flores rosadas,
rejeitadas das abelhas.
Suas roseiras, jasmineiros, cravos e cravinas, escumilhas,
onde beija-flores faziam seus ninhos delicados
e pingentes de outros ninhos, de um passarito amarelo sem mérito cantor,
engraçadinho piador – o caga-sebo.
Nas mangueiras enfolhadas faziam seus ninhos apanelados
e dobravam o canto inigualável, nas longas tardes de outubro,
todos os sabiás dos reinos de Goiás.
Corria pelo meio da horta o rego d'água e era o mundo verde do agrião.
A terra era fofa, recoberta de uma camada espessa de cana moída
e apodrecida, transformada em húmus, trazida da bagaceira do engenho.
Era um feudo privativo da tia Nhá-Bá, portão fechado a chave,
cerca impenetrável, era o seu reinado assistido pela Nicota que
                  [trabalhava no terreiro.
Naquele vai e vem o dia todo meu avô dizia a ela: "Ocê não cansa, mana?"
E a resposta invariável: "Quando durmo".

Minha bisavó, Mãe Yayá, passava o seu dia sentada
numa antiga mala encourada, e sobre esta estendido um couro de lobo.
Trazia, também, tiras do couro e palhas roxas
amarradas em atilhos nas pernas para evitar cãibras.
Vivia, já naquele tempo, vida vegetativa, assistida pela filha.
E meu avô, todos os dias, antes de outra iniciativa,
ia tomar a bênção à velha mãe, saber o que lhe faltava.
Ela requeria sempre uma braçada de lenha recortada,
cavaqueira que ele mandava do engenho de serra,
era agasalhada debaixo da mesa onde lhe serviam as refeições.
Suas comidinhas apresentadas em pires e tigelinhas antigas,
sua mesa sempre recoberta de toalha grossa de tear
marcada com pontos de cruz, pontos de marca, se dizia, sua cama,
antiga marquesa, de sobrecéu e babados, ela, a velhinha curvada,
passado no busto um chale de lã de cor indefinida de velhice crônica.
Agasalho de frio e de calor.
Nos pés, chinelos e meias pretas, saia escura, uma bata clara
abotoada no pescoço, mangas de punho.
Nas orelhas, uns brincos rebuçadinhos de preto, dizendo luto permanente,
Eram periodicamente descobertos e de novo recobertos,
isso, contavam os da casa, desde a morte do marido, já passados muitos anos.

Essa matriarca era de uma saúde admirável
e não mais se intrometia na direção da casa.
Tinha um pitinho pequenino de barro, feito a capricho pelas paneleiras
[do lugar.
O fumo era preparado por tia Nhá-Bá, colhido nas hortas. Destaladas,
murchas as folhas, eram entregues à velha mãe que fazia a torção
de forma especial, que só ela sabia fazer.
Eram postas para curtir num pequeno varal, num canto remoto do oratório.
Ela governava aquilo e daquela reserva se fazia com muita ciência
e pachorra, o torrado de meu avô. Trabalho esse entregue a Nicota.

Daquela bisavó emanava um cheiro indefinido e adocicado
de folhas murchas a que se misturavam fumo desfiado, cânfora e baunilha.
Sua sala, onde passava o dia, tinha pelos cantos amarrados,
murchos, pendurados de folhas diversas: congonha-do-campo,

arnica da serra, folha-santa, artemísia e gervão, arrancadas
com as raízes que eram sempre renovadas pelos moradores
que traziam seus agrados e respeito.
Tudo isso impregnava seus aposentos de um cheiro característico
e vago que gostávamos de respirar e que, dizia meu avô,
dava saúde à velha mãe.
Sua comidinha parca era repartida com os gatos
que ela, com uma vara fina e longa, mantinha em disciplina.
Sua preocupação constante: saber das horas e se a serra estava encoberta.
Qualquer resposta que lhe dessem, satisfazia.
Durante o dia eram suas várias caminhadas para a cozinha.
Acender o pito, ali, alguém tinha que colher
e assentar na panelinha atochada de fumo uma brasinha minúscula
que fumaçava agradavelmente. Todos na casa e na fazenda
lhe pediam a bênção e veneravam a grande anciã.

De noite, frio ou calor, chuva ou relâmpago, trovões,
céu barrado de estrelas ou lua, clara como o dia,
vinha para o meio da grande varanda uma telha-vã
com um braseiro trazido pela Ricarda.
Uma braçada de cavacos ou sabugos de milho das reservas de debaixo
[da mesa.
Vinha antes o couro de lobo, estendia-se no centro de um antigo canapé
forrado de sola negra, tacheado de tachas amarelas.
Tia Nhá-Bá trazia pelo braço a velha mãe,
fazia-a sentar no meio do vasto canapé,
aconchegava o chale, ajeitava o saquitel das coisas misteriosas, inseparáveis
e acendia-se o braseiro.
De lado, bancos pesados, a mesa das refeições.
Meu avô puxava o tamborete da cabeceira, tomava assento.
Tio Jacinto vinha e se ajeitava, nós, gente menor, rodeávamos o fogo
sentadas em pedaços de couro de boi, pelo chão.
Gente grande nos bancos em fileira.

Ricarda, acocorada, alimentava o fogo.
Ficávamos ali em adoração naquele ritual sagrado,
que vem de milênios, de quando o primeiro fogo se acendeu na terra.

Contavam-se casos. Conversas infindáveis de outros tempos
e pessoas mortas.

Às tantas, vinha da cozinha o pote de canjica, bem cozida, caldo grosso,
colher de pau revolvendo aquele conteúdo amarelado ou todo branco.
Tia Nhá-Bá trazia da copa um pote bojudo, panela funda de barro,
cheia de leite com sua nata amarelada e grossa, a concha de tirar,
duas rapaduras cheirosas para serem raspadas.
Cada qual pegava seu prato fundo, tigela e colher.
Tia Nhá-Bá servia com abundância, canjica e leite, rapadura à vontade.
Comia-se ruidosamente. Repetia-se e ainda sobrava canjica fria e grossa,
gelatinosa, para o demanhã seguinte.
Ruim era para a criançada, quando se matava uma vaca
e se juntava ao cozido um tal chamado osso de corrê.
Meu Deus, botavam a canjica a perder. Ninguém suportava.
Só os mais velhos exaltavam a sustância daquela mistura.
Era ruim com sal, pior com rapadura. A meninada não tolerava aquilo.
Gente do terreiro vinha buscar as sobras e levava o pote quase cheio.
Pelas nove horas amortecia o fogo. Ricarda cabeceava de sono.
O braseiro ia se cobrindo lentamente de cinza clara.
Cada qual procurando as camas, colchões barulhentos de palha em couro
pelo chão, dormida das melhores.
De tempos em tempos um cerimonial complementar,
a que a criançada queria assistir.
A queima dos feixes de ervas ressecadas, já trocadas por feixes novos.
Ricarda trazia a ramalhada. Tia Nhá-Bá ia lentamente arrumando
no braseiro esmorecido de jeito a evitar chamas,
e todo o casarão se enchia de uma fumaça de cheiro incomparável,
que de vez em quando me vem ao olfato da memória.
A velha matriarca, meu avô, tio Jacinto, nós todas,
tomávamos configurações fantásticas
naquele incensatório ritual e rústico.
Meu avô dizia que aquela fumaceira
que se esvaía lentamente pelos telhados e frestas,
desinfetava os miasmas e era a saúde da casa.

Dali caíamos num sono que o dia seguinte nos acordava
com o alarido dos pássaros e o berro das vacas crioulas,
muito diferente do mugido das raças casteadas.
Todo o gado da fazenda era crioulo e as raças eram chamadas
toutina, caraúna, mocha, curraleira e outras.
Não se falava em castas importadas, não havia doenças no gado,
esse parecia indene, era rústico e manso.
E o melhor para limpar de bernes e carrapatos era o sal grosso torrado,
e a salga geral se fazia uma vez por ano.
Era a vaquejada festiva. Vinha gente da cidade e vizinhos das fazendas,
rapaziada roceira, na esperança de ver as moças,
alguns olhares, alguma conversa, possível noivado, casamento.
Arrebanhavam o gado, traziam em correria para os currais.
Salgava-se, marcava-se a rês salgada cortando a ponta da cerda.
Marcava-se a ferro quente a rês ainda desferrada.
Castravam-se os machos. Alguns castradores mais antigos faziam
num canto do curral um braseiro e, ali, em espetos já preparados,
assavam e comiam com farinha, sal, pimenta e limão, as glândulas
espremidas dos garrotes. A casa via aquilo enojada. Não participava.
Era prática, uso, entre castradores velhos. Prolongavam-lhe a virilidade.
As cozinheiras se danavam quando solicitavam panelas
para variar do assado. Pediam que as quebrassem depois do uso.
Eles chacoteavam, lúbricos, e elas riam disfarçadas.
A casa da fazenda estava sempre cheia. Parentes da cidade que traziam
[amigos,
caçadores que alegravam meu avô. Todo o terreiro se movimentava
e os moradores recebiam carnes abundantes das caças abatidas.
Os couros eram esticados com varas e pendurados de alto a baixo
no grande varandado da frente da casa.

Meninos sem conta interessados na caça morta.
O forno de barro estava sempre aceso
e a copa e a mesa das refeições transbordavam da fartura
e da abundância da casa grande.

Havia no tempo, uma prática medicinal, prescrição médica:
— Mudar de ares. Gente enfastiada, anêmica, insatisfeita,
nervosa da cidade, descorada, falta de apetite, vinham tentar melhoras
nos ares sadios, no leite farto e frutas das fazendas.
Eram bem-aceitos e se fazia a grande hospitalidade antiga.
Tudo de melhor para os hóspedes. Havia mesmo na fazenda dois quartos
chamados quartos de hóspedes.
Deixávamos as camas, passávamos a dormir no couro, o que adorávamos,
nos colchões barulhentos de palha nova que ajudávamos a rasgar.
Um forro grosseiro e uma coberta de tear bastavam para nós.
Dormíamos de três a quatro juntas, e que sono!
Acordávamos cedo e corríamos para o curral.

Copos e canecas na mão e o primeiro apojo espumado e morno
tinha um gosto renovado e puro.
Depois, o mundo do engenho. A garapa da cana serenada,
a garapa fervida, o melado com mandioca cozida no respiradouro da
[fornalha,
"forrando o estômago" para o almoço às nove horas, invariavelmente.
Aqueles hóspedes ganhavam novas cores, nutrição, nesse regime de fartura
e ares puros. Banhos nos ribeirões, passeios pelos campos.
Comiam fruta do mato, carne de caça, leite de curral, ovos quentes, gemada,
transbordando os pratos de mingau de fubá fino, de milho canjica.
Café com leite, chocolate, a que se adicionavam gemas batidas, ovos
[quentes.
Tudo substancial e forte. Voltavam outros para a cidade,
carregando ainda lataria de doces e frutas do quintal, ovos, frangos
e queijos. Era a regra do tempo. Aqueles hóspedes alegravam
e se tornavam amigos, prometendo voltar.
Quando a gente menina esquecia alguma regrinha da boa cortesia,
era chamada de parte, corrigida, admoestada,
acima de tudo nos velhos tempos,
os deveres sagrados da hospitalidade.

"Ô DE CASA!"

Havia na roça umas tantas práticas que se cumpriam religiosamente.
Os chegantes: "Ô de casa". "Ô de fora. Tome chegada, se desapeia".
O viajante, estranho ou não, descia do animal.
Rebatia o chapéu, tirava, pedia uma parada de um dia ou mais,
vinha de longe, de passagem, os animais esfalfados.
Um dia de descanso, um particular com meu avô e dono.
Meu avô fazia entrar, seu escritório, mesa de escrever vasta,
recoberta de encerado, duas gavetas, suas chaves sempre esquecidas
na fechadura. Um relógio antigo de caixa. Duas malas encouradas,
cheias de papéis, antigas cartas amarradas em maços e soltas.
Um óculo de alcance proibido às crianças. Suas armas de caça,
patrona, polvarinho, chumbeira, tufos de algodão, espoletas,
algumas armas desusadas, outras de uso, penduradas num cabide alto,
fora do alcance da meninada.
Ali, o viajante se identificava melhor. Se desarmava,
entregava suas armas de cano e de cabo ao dono da casa.
Era preceito social. Meu avô aceitava ou não,
conforme o seu conhecimento do visitante. Recolhia numa das gavetas
para restituir na saída. De outras, pessoas conhecidas, de conceito,
meu avô não consentia que lhe entregassem os ferros. Que ficassem
[com eles,
alta confiança. Recusavam sempre. Pediam a meu avô que os guardasse
em confiança e meu avô atendia, mostrava-lhes a gaveta,
quando os quisessem, ali estavam.

Também de praxe na partida, na montada, meu avô descia os degraus,
segurava o estribo, honra maior concedida a uns tantos em cerimonial
competente e rústico, estas coisas... Ajudar também uma senhora
a montar no seu cilhão, oferecer-lhe o apoio da mão espalmada
e ela, sutil, prática, num leve apoio passava para a sela adequada.
Também oferecer-lhe o estribo. Todo este ritual era cumprido com rigor
e os jovens, mesmo analfabetos e rústicos, aprendiam e praticavam.
Normas de cortesia roceira com seu toque romântico de boas maneiras.

Acontecia à noite, alta noite com chuva, frio ou lua clara,
passantes com cargueiros e família darem: "Ô, de casa..."
Meu avô era o primeiro a levantar, abrir a janela:
"Ô de fora... Tome chegada".
O chefe do comboio se adiantava:
De passagem para o comércio levando cargas, a patroa perrengue,
mofina, pedia um encosto até "demenhã".
Mais, um fecho para os "alimais".
Meu avô abria a porta, franqueava a casa.
Tia Nhá-Bá, de candeia na mão, procurava a cozinha,
acompanhada de Ricarda sonolenta. Avivar o fogo, fazer café, a praxe.
Aquecer o leite. Meu avô ouvia as informações. Não especulava.
Oferecia acomodação, no dentro, quarto de hóspedes.
Quase sempre agradeciam. Se arrumavam ali mesmo no vasto alpendre
[coberto.
Descarregavam as mulas, encostavam a carga.
Tia Nhá-Bá comparecia, oferecia bacião de banho à dona, e aos meninos,
[quitandas.
Aceitavam ou não. Queriam, só mais, aquele encosto,
estendiam os couros, baixeiros, arreatas, se encostavam.
Meu avô franqueava o paiol. Milho à vontade para os animais de sela,
[de carga.
Eles acendiam fogo, se arranjavam naquele agasalho bondoso, primitivo.

Levantávamos curiosas, afoitas, ver os passantes.
Acompanhá-los ao curral, oferecer as coisas da casa.
Ajoujavam os cargueiros, remetiam as bruacas nas cangalhas.
Faziam suas despedidas, pediam a conta das despesas.
Meu avô recusava qualquer pagamento – Lei da Hospitalidade.
Os camaradas já tinham feito o almoço lá deles. Já tinha madrugado
para as restantes cinco léguas. Convidava-se a demorar mais na volta.
Despediam-se em gratidão e repouso.
Era assim no antigamente, naqueles velhos reinos de Goiás.

MEU TIO JACINTO

Meu tio Jacinto era muito inteligente, astucioso e aluado,
diria a gente do terreiro. Inventava coisas e era competente demais
em algarismos e charadas.
Estudou no antigo Seminário do Caraça.
Saberá um estudante de hoje o que era o Caraça? Sair de Goiás
a cavalo, entrar em Minas e chegar ao Seminário do Caraça, nas brenhas
[mineiras...

Não, são coisas por demais remotas que gente moça ignora.
Esse tio lá esteve junto ao irmão mais velho, o mano Antônio.
E não era assim tão fácil. Uma demorada troca de correspondência
entre o pai que pretendia lugar aos filhos e o reitor e sub-reitor
do velho seminário. E ainda mais, correspondência
levada de mão por pessoa competente.
Meu tio Jacinto foi acometido de uma doença nos olhos
e teve que deixar o seminário levado para a Corte.
Hospedar-se na casa do correspondente e tratar da vista,
perdeu uma e ficou bem servido da outra.
Era ateu e chamava por satanás nos seus dias de lua.
O mano Antônio terminou os estudos, voltou a Goiás
e, numa caçada de perdiz, um desastre de espingarda o levou.
Meu tio Jacinto desistiu do seminário e voltou para Goiás.
Mais tarde casou-se com moça da Aldeia e por imprevisto que pareça,
devolveu a recém-casada ao pai. Ninguém nunca soube o porquê.
Certo foi que amanheceu com a desposada na porta do sogro.
Ajudou a jovem a descer do animal, entrou com ela na casa e lá, sem palavra,
a deixou entregue ao pai.
Levava o cargueiro e suas coisas.
Um escravo desceu tudo, saltou na cangalha e acompanhou seu senhor
na volta para a fazenda.
Meu tio se achou de novo na Fazenda Paraíso em mudez fechada.
Ninguém se achou com direito de perguntar
e ele nunca se referiu ao acontecido.

Foi um mau sonho que procurou esquecer.
Não morava na casa grande. Para o casamento separou-se numa pequena,
feita a capricho, de tábuas.
Ajudava meu avô na serra e no engenho de cana
e seu prato fundo ia da casa grande e o leite que quisesse do curral.
Era respeitado e conhecia todos os ofícios. E sua matemática era avançada.
Gostava de charadas, matava na hora, pressagiava o tempo e nunca se
[enganava.
Tinha muito saber e fazia cálculos avançados.
Vendo uma das toras descarregadas na cascalheira do engenho,
ele cubicava e dizia a meu avô:
"Vai dar tantas dúzias de tábuas", e nunca errava.
Era quem travava a serra e encabava toda a ferramenta do serviço,
mantinha os carros de bois e carroção em ótimo funcionamento.
Fazia trabalhos em chifre de boi, todos os guampos do curral
e trompas de caça e vasilhame que se usavam no engenho e no monjolo
eram feitos por ele.
Tinha a faculdade ingênita para qualquer artesanato.
Eram os primeiros tempos do Espiritismo em Goiás,
suas primeiras experiências, a mesa de invocação.
Meu tio gostava da teoria e logo fez a mesa, leve, misteriosa,
de madeira fina e caprichada, e pôs a funcionar.
Sempre à noite, a gente apoiava de leve as pontas dos dedos,
concentrava, rezavam todos o Pai-Nosso, invocava-se um espírito
escolhido da família e, por meio de batidas marcadas,
estabelecia-se conversa e identificava-se o espírito presente.
Falava-se em médiuns e mediunidades.
Estava muito comentada no tempo Eusápia Paladino,
que transmitia pela sua mediunidade
informações impressionantes do outro mundo.
Liam-se Allan Kardec e Camilo Flamarion.
Assinavam-se revistas espíritas.

Meu tio chamava sempre por satanás e era o que se dizia no tempo,
anticlerical.
Um dia esse tio entendeu de invocar o espírito das trevas, satanás.

Que desse sinal de presença em movimentos da mesa,
sem a previsão costumeira de oração.
Acreditem, a mesa disparou em batidas incessantes.
Nós, que tínhamos aquelas práticas um tanto em brincadeira,
nos afastamos amedrontadas. Tia Nhá-Bá se fechou na capela.
Meu avô pediu ao mano que acabasse com aquilo...
Tio Jacinto mandou que o espírito imundo se retirasse.
A mesa continuou suas pancadas insistentes.
Aí ele mandou em nome de Deus Todo-Poderoso, que o mau se retirasse
e foi que a mesa fez um retorcido, estalou a madeira
e se reduziu a um monte de lascas.
Todos apavorados. Meu tio soturno e cabisbaixo.
Aí meu avô proibiu mesinhas de invocar espíritos na fazenda
e que nunca mais se falasse ali o nome de satanás.

Naquela noite fomos dormir apavoradas. Os adultos achavam
que meu tio estava ainda numa terceira reencarnação
em caminho demorado de aperfeiçoamento
e tinha um "encosto" que o dominava,
arruinando as orações fervorosas da mana Bárbara, tia Nhá-Bá,
incansável de pedir a Deus a conversão da ovelha negra.
À palavra satanás, a tia fechava-se na capela em oração,
ajoelhada e de braços abertos, por conta dos pecados do irmão.
Certa de que ela tinha uma escrita com o céu,
o compromisso de salvar a alma do mano em caminho marcado
para estada longa no purgatório, quando não vitalícia no inferno.

AS MARAVILHAS DA FAZENDA PARAÍSO

No terreiro rústico da Fazenda Paraíso,
nos anos da minha adolescência,
era certa e esperada aquela comunicação anual.
A volta dos casais de joão-de-barro,
para levantar suas casinhas novas
nos galhos do grande jenipapeiro.
Raramente retocavam alguma casa velha
das muitas que resistiam pelas forquilhas.
Preferiam fazer novas. Chegavam em alarido,
gritadores alegres. Gente de casa, dizia rindo meu avô.
Era o tempo sagrado da reprodução.

Todo o terreiro se alegrava e acompanhava com ternura
aquela querência, o labor daquelas construções,
o esforço daqueles passarinhos.
Nada mais expressivo do que o joão-de-barro e sua companheira
procurarem o rego d'água, amassarem o barro com o bico
e, com as garrinhas, voarem com as pelotas
e darem começo à casinha, orientada para o sul,
trazendo de começo sua divisão interna,
a camarinha do amor onde renovavam
e defendiam sua espécie.

Ao amanhecer do dia, eram os primeiros a dar as horas
e partirem para o trabalho.
Era aquela matinada. O sol dourando a serrania azul, distante.
O terreiro serenado. O fogo alegre dos moradores.
Bandos de papagaios em formação ritmada e alta
se mandando para as matas do outro lado.
Araras azuis e vermelhas, aos pares, voando mais baixo,
gralhando, acompanhando o bando alto, verde, em mesclas de ouro.
Esperávamos a volta pela tarde, na mesma formação esquadriada,

enquanto as andorinhas esvoaçavam aninhadas
nos beirais do velho casarão.

Vinha dos campos e da mangueira um cheiro fecundo
de vegetais e de apojo, mugidos intercalados da vacada,
que à tarde mansamente descia dos pastos,
procurando a frente da fazenda.
O terreiro rústico participava desses encantamentos.
Naquela comunhão sagrada e rotineira, a gente se sentia feliz
e nem se lembrava de que não havia nenhum dinheiro na casa.

Pela manhã, muito cedo, meu avô ia verificar o moinho de fubá
de milho, o rendimento da noite.
O velho e pesado monjolo subia e descia compassado,
escachoando água do cocho, cavado no madeirame pesado e bruto.
Siá Balbina – madrugava no posto,
fumegando seu pito de barro, de cabo longo.
Comandava com velha prática, vaidade e prepotência,
o monjolo, o forno de barro, a farinhada.
Tinha umas tantas galinhas, acostumadas à sua volta.
Certo que ela fazia uns fojos à sua moda,
organizava os ninhos e eram ninhadas de ovos e pintalhada
criada mansamente à sua volta.
Com isso, ela supria a mesa dos melhores frangos
e galinhas velhas, para a canja do meu avô.
Ciríaco, seu filho, molecote, afilhado de meu avô, no curral,
separava os bezerros e ajudava o vaqueiro Fortunato
a baldear para as copas os potes de leite espumado.

Siá Nicota, mulher do vaqueiro, era encarregada
dos queijos, requeijão e coalhadas para a merenda.
Tomava conta do terreiro e da galinhada de fora do monjolo.
Sabia curar o gogo e ovo virado, oveiro caído.
Era responsável pelos frangos da panela
e separava as velhas galinhas condenadas.
A vacada solta partia para os campos e barreiros salitrados.

Os bezerros cabritando, cabo levantado.
Animais raçoeiros bufavam nos cochos.
Rolinhas em bando mariscavam na casa do monjolo,
cantando suas comidinhas fartas.
Pelos coqueiros altos, gritavam bandos vagabundos de joão-congo,
beija-flores, povis, garrinchas e caga-sebos, tico-ticos familiares
penduravam seus ninhos pelas pontas.
Na horta, tia Nhá-Bá colhia couve para o almoço e flores para a capela.
Tudo era vida no terreiro interno do casarão.
Seriemas dos cerrados confraternizavam-se com as galinhas
na ração do milho.
No rego-d'água as patas ensinavam natação aos patinhos penujentos.
Galos velhos e novos comboiavam a galinhada para os pastos.
E partia das mangueiras e abacateiros frondosos o arrulho gemido da juriti.

Às sete horas, vinha para cima da grande mesa familiar,
rodeada de bancos pesados e rudes, a grande panela de mucilagem,
mingau de fubá canjica, fino e adocicado,
cozido no leite ainda morno do curral.
Era o primeiro repasto do dia, que meu avô presidia
como um velho chefe patriarcal na cabeceira da mesa,
sorvendo de permeio, goles de café amargo.
Às nove horas, vinha o almoço. Uma toalha grossa de tear
recobria o taboado escuro.
Meu avô dizia curta oração. Nós o acompanhávamos
com o prato e a colher na mão.
Ele era servido, depois os pratos iam sendo deslocados
um a um, primeiro os mais velhos.
Minha bisavó Antônia Mãyáyá, mãe de meu avô, octogenária,
tinha sua mesinha separada na parte da casa que ocupava com Nhá-Bá.
Esta, irmã de meu avô, em moça, renunciara ao casamento, primeiro:
oferecer sua virgindade à Santa Mãe de Jesus,
ter garantido seu lugar no céu, depois, para cuidar da mãe na invalidez.
Havia esta Lei familiar em Goiás.
– uma das filhas renunciar ao casamento
para cuidar dos pais na velhice e reger a casa.

Tinha a seu cargo além da direção da casa, da despensa,
do provimento de doces, coalho, quitandas variadas,
a ordem e o zelo da capela.
De ajudante, Siá Nicota. Esta e Siá Balbina e Ricarda,
molecota, eram chamadas pé de boi do terreiro.
Mãe-Preta comandava a cozinha. Comia-se com vontade
e comida tão boa como aquela nunca houve em parte alguma.
O arroz, fumaçando numa travessa imensa de louça antiga,
rescendia a pimenta de cheiro. O frango ensopado em molho
de açafrão e cebolinha verde, e mais coentro e salsa.
O feijão saboroso, a couve com torresmos, enfarinhada
ou rasgadinha à mineira, mandioca adocicada
e farinha, ainda quentinha da torrada.

Comia-se à moda velha. Repetia-se o bocado, rapava-se o prato.
Depois, o quintal, os engenhos, o goiabal, os cajueiros, o rego-d'água.
Tínhamos ali o nosso Universo. Vivia-se na Paz de Deus.

Eram essas coisas na Fazenda Paraíso.
E como todo paraíso,
só valeu depois de perdido.

VISITAS

Chegavam visitantes à fazenda.
As notícias... novidades, assunto da terra.
Gados, criação, preços, mercado de Goiás, safra,
roça, paióis, doença.
Corríamos a fazer café, oferta de praxe.
Depois, aquelas conversas infindáveis, invariáveis,
coisas da lavoura. Previsão de colheitas, situação das roças,
produção dos engenhos, doenças.
Cobras, também eram assunto.
Tinha-se muito medo de cobra. A mordida, o tratamento
na base de fogo impressionava o juízo dos moços.
Atava-se a perna ofendida, parar a circulação.
E na mordedura assentar uma brasa viva até a carne do padecente
cheirar a carne assada. E mais benzimentos, chá de couro de lobo.
O doente não morria, mas levava meses para cicatrizar aquela queimadura
profunda. Os benzedores eram respeitados e bem aceitos.
Viviam envoltos num carisma sobrenatural. Tornavam-se lendários.
Não só benziam mordedura, como também mandavam para longe as
[cobras.
Tinham fama e eram solicitados. Não podiam cobrar,
aceitavam o que lhes dessem. Casos de curas maravilhosas.
Aquele que fosse curado pelo benzimento não devia nunca mais matar
[cobra.
Também o dono da fazenda de onde elas fossem tiradas
e o próprio benzedor deviam acatar a mesma previsão.
A pessoa curada portava uma vara, onde havia entalhada uma cobra
para enxotar de longe as que encontrasse no seu caminho.

Fazendas e algumas lojas de Goiás cultivavam uma caninana que
[passeava pelos altos se alimentando de ratos e morcegos.
Era cobra mansa, não venenosa. Diziam: cobra-gata.
Regra das fazendas do tempo velho: ajudar a carregar rede de defunto.
Esta viajava sempre de noite, com frio, para chegar na cidade de madrugada.

Era de regra atender o chamado triste, soturno,
na calada da noite.
Um grito lamentoso e sinistro que todos, fazenda e moradores, ouviam
[e entendiam.
Levantavam alguns, apanhavam qualquer animal
que estivesse solto. Passavam serigote, montavam, e pelo rumo do apelo
ligavam-se ao grupo em correria, montando e desmontando sempre.
Não podiam era parar. Alguns iam até o destino final.
Aldeia, Goiás ou Curralinho, se trocando no varão amarrado à rede,
onde ia o morto. Os do varão corriam a pé, na frente,
até onde dava o fôlego.
Passavam a rede para aqueles que, rápidos, desmontavam,
e assim, até o fim da jornada.
Meu avô dava ordem: pegar o primeiro animal solto, passar o lombilho
ou simples baixeiro. Focinhar de corda ou cabresto. Não negar ajuda.
Nem todos iam até o fim, dependendo de mais ou menos carregadores.
Iam numa correria até o cemitério.
Assim era a solidariedade dos humildes.

Chegava alguém à Fazenda Paraíso.
Pela risada franca, alegre e alta, sabia-se,
era seu Manoel Candinho, amigo de meu avô,
caçador inveterado, contador de casos e causos, reais e imaginários.
Era recebido com agrado, dos grandes e da meninada.
Trazia sempre alguma coisa de presente.
Rapadura de leite deliciosa, bonecas de engenho
temperadas com folhas de figo, ninhadas de ovos escuros de perdiz,
Morava nas terras de meu avô, na Fazendinha,
assim chamado o lugar, de bons pastos,
águas fartas e cultura.
Era ativo, tinha a sua engenhoca.
Enformava rapadura, destilava seu alambique de pinga
e purgava suas dez fôrmas de açúcar, branco e mascavo.
Levava ao comércio (cidade) ou vendia na aldeia, (Mossâmedes)
onde não havia fiscalização nem exigência de selo.
Tinha seu fumal caprichado e torcia um fumo ruivo,

tido como especial com compradores na porteira.
Do resto dava uma demão ao meu avô sempre que precisava.
Multiplicava seu tempo, emendava o dia com a noite, incansável.
Murmuravam os invejosos: quem faz tudo na Fazendinha
é a mulher e os filhos...
"Pé de boi" no trabalho. Ao que desmentia meu avô:
Nunca cheguei lá sem ser esperado que não encontrasse o Manoel agarrado
no trabalho. Ele, a mulher e os filhos. Uma "roda-viva" sem parada.
Assim fossem todos.

Toda família de Manoel Candinho era estimada na Fazenda,
e não poucas vezes íamos até lá de passeio e era uma festa alegre.
Voltávamos carregados com as ofertas daquela produção modesta e
[constante.

O LONGÍNQUO CANTAR DO CARRO

Dizia meu avô:
Quando as coisas ficam ruins,
é sinal de que o bom está perto.

O ruim está sempre abrindo passagem
para o bom.
O errado traz muita experiência
e o bom traz às vezes confusão:
"Nem sempre assim nem nunca pior".

Meu avô conhecia todas as verdades
e gastava a filosofia de quem muito viveu
e aprendeu.

Quando as coisas não iam muito bem,
ele dizia: amanhã estará melhor.
E descia curvado para o seu engenho de serra.

Esse engenho de serra era uma engrenagem pesada e rústica
para o serviço pesadão de desdobrar imensas toras
que o carreiro Anselmo derrubava nas matas, abria caminho
e junto ao aguieiro Saturnino, providos, o homem e menino,
de força e jeito e mais levas e espeques, passavam para cima do carretão,
e por caminhos mal amanhados, conseguiam descarregar
na esplanada do engenho, e depois, topejadas, eram roladas
para os dentes da serra vertical,
movimentada por um rego d'água, escachoante,
todo ladeado de avencas e samambaias.

Era aquela armação de força bruta dirigida milagrosamente
por meu avô e o seu velho compadre Honório,
que dominavam com experiência rotineira,
aquela monstruosidade a que se dava o nome pomposo
de Engenho de Serra.

Sei que dali partiam carradas de tábuas,
ripas, caibros e réguas linheiras para a cidade.
E não faltavam compradores, tudo no desvalor e preço
do tempo velho.

Carregar o carro, jungir os bois,
pegar na despensa da casa grande mantimento para a viagem
— quatro dias ida e volta —, receber a lista das encomendas,
levar bruacas de couro por cima do taboado com os presentes
que a fazenda oferecia a parentes,
era a rotina da vida no Paraíso e nós, jovens, ansiando já pela volta do carro,
cartas e jornais do Rio de Janeiro.
Minha mãe era assinante do "Paiz" e para nós vinham os romances
do Gabinete Literário Goiano.
Esperar a volta do carro, imaginar as coisas que viriam da cidade,
tomava a imaginação desocupada das meninas-moças.
Acostumei a ler jornais com a leitura do "Paiz".
Colaboravam Carlos de Laet, Artur Azevedo, Júlia Lopes de Almeida,
Carmen Dolores.
Meus primeiros escritinhos foram publicados no suplemento desse jornal.
Acompanhei, na sua leitura, fatos e acontecimentos universais.
O casamento de Afonso XIII com a princesa de Betenberg,
neta da rainha Vitória, um atentado anarquista,
uma bomba atirada no cortejo nupcial.
E mais todo o desenrolar da guerra russo-japonesa no começo deste século,
onde o Japão se revelou potência bélica, vencendo a Rússia.
Muitos meninos nascidos naquele tempo
tiveram o nome de Tôgo, o grande general japonês.
A casa esperava o café. Regrava-se o sal na cozinha.
As mulheres dos moradores também esperavam suas encomendas.
Chita vistosa para vestidos, chinelos para dia santo e domingo.
Pente. Carrinho de linha, agulheiro, peça de algodão americano.
Salamargo, riscado para camisa de homem. Metros de mescla barata
para o nu dos meninos, lenço ramado pra cabeça.
Alguma ferramenta para o serviço.
A "carrada" tinha que pagar toda esta bagaceira,

às vezes um saldo, mais vezes um "deve" no comércio
para acertar "da outra vez".

Uma festa, apurar o ouvido ao longínquo cantar do carro,
avistado na distância, esperar as novidades que vinham:
cartas, livros e jornais.
Era uma vida para aquela mocidade despreocupada,
pobre e feita de sonhos.

O CARREIRO ANSELMO

Meu avô, já velho, na Fazenda Paraíso,
tinha um carreiro de anos de serviço,
chamado Anselmo. Era ele que amansava os bois,
lidava com o carro e carretão, puxava e topejava as toras
e ajudava a rolar para a engrenagem da serra.
Cuidava do curral. Nem precisava chamar os bois.
Abria a tronqueira, entrava, os bois iam atrás.
Na hora de ligar ao carro, a junta da frente se postava parelha,
recebia a canga. Seguiam-se os bois do meio,
punham-se no lugar, eram encangados, certos,
aí vinham os do coice.
Anselmo trazia o cambão. As juntas abriam espaço,
o carreiro apresilhava, ligava os canzis, as barbelas,
verificava o eixo, azeitava o cocão.
O "aguiero" tomava da vara, o carreiro sacudia as argolinhas,
aviso do ferrão perto, o carro partia rechinando,
as juntas irmanadas puxando compassadas.

Também os cães. Era de ver a comunicação carinhosa
com a gente da fazenda.
A festa que faziam aos familiares que chegavam,
aos companheiros de caçada de meu avô…
Voltando ao carreiro, também no pasto o gado acompanhava
de manso suas voltas. Vacas que davam crias,
sabem os vaqueiros como fazem: escondem o bezerro,
defendendo de inimigos, seja o caracará, o gavião do pasto,
que costuma atacar com seu bico recurvo,
o umbigo vivo e sangrento do nascente.
Até mesmo as jaguatiricas famintas
pois, quando viam o vaqueiro, iam direto à moita e descobriam o bezerrinho.

Anselmo jogava no arção da cutuca e trazia para o curral.
O gado mansamente o acompanhava de chouto.

Este mesmo vaqueiro, veterano da Fazenda Paraíso,
que ali envelheceu tranquilo, manso,
partilhando daquela decadência irreversível,
vendo partir os moços, outros, moradores, procurando melhoras
mais longe, ali ficou até o final.
Depois da morte de meu avô, seu filho mais velho foi rever
o que restava.
Apalavrou a venda dos bois velhos, carro e carretão,
com açougueiros da cidade.
Mandou que Anselmo trouxesse os bois para a entrega no curral.
Aí, falou o velho vaqueiro: "Inhô, dá licença. Isso num tenho corage,
num faço não. Dá licença de'u tirá meus cacos e saí premero".
No dia seguinte, o carreiro Anselmo desaparecia na volta da estrada,
com o bagulho da sua pobreza.
Os velhos bois foram entregues aos compradores.
A fazenda mudou de dono. E a vida continuou
com suas contradições e desacertos.

ENTRE PEDRAS
E FLORES

Entre pedras cresceu minha poesia.
Minha vida...
Quebrando pedras
e plantando flores.

DAS PEDRAS

Ajuntei todas as pedras
que vieram sobre mim.
Levantei uma escada muito alta
e no alto subi.
Teci um tapete floreado
e no sonho me perdi.

Uma estrada,
um leito,
uma casa,
um companheiro.
Tudo de pedra.

Entre pedras
cresceu a minha poesia.
Minha vida...
Quebrando pedras
e plantando flores.

Entre pedras que me esmagavam
levantei a pedra rude
dos meus versos.

VARIAÇÃO

Paráfrase

O mar rolou uma onda.
Na onda veio uma alga.
Na alga achei uma concha.
Dentro da concha teu nome.

Pisei descalça na areia
toda vestida de algas.
Tomei o mar entre os dedos.
Ondas peguei com as mãos.
O mar me levou com ele.

Palácio vi das sereias.
Cavalo-marinho montei,
crinas brancas de seda,
cascos ferrados de prata,
escumas de maresia.

Na garupa do meu cavalo,
levo meu peixe de ouro.
Comando a rosa dos ventos
e não me chamo Maria.

Na serenata do sonho
ouvi um sonido de estrelas.
Discos de ouro rolando
trazendo impresso teu nome.

Você passava, eu sorria
escondida na janela,
cortinas me disfarçando.
Num tempo era menina.

Num instante virei mulher.
Queria ver sem ser vista.
Ser vista fingindo não ver.

Fugi tanto que o encontrei
no relance de um olhar.
Pelos caminhos andamos
no tempo de semear.

A vida é uma flor dourada
tem raiz na minha mão.
Quando semeio meus versos,
não sinto o mundo rolando
perdida no meu sonhar
nos caminhos que tracei.

Meus riscos verdes de luz,
caminhos dentro de mim.
Estradas verdes do mar,
abertas largas sem fim.

Por esses caminhos caminho
levando feixes nas mãos.
Trigo, joio – não pergunto
o fim do meu caminhar.
Cirandinha vou cirandando,
marinheiro de marinhar,
o mar é longo sem fim.
Meu barqueiro, meu amor,
bandeiras do meu roteiro.
Meu barco de espuma do mar.
Onda verde leva e traz,
cantigas de marinhagem.

Vou rodando. Vou dançando,
tecendo meu pau de fita.

Sementes vou semeando
nos campos da fantasia.
Vou girando. Vou cantando
e... não me chamo Maria.

ESTAS MÃOS

Olha para estas mãos
de mulher roceira,
esforçadas mãos cavouqueiras.

Pesadas, de falanges curtas,
sem trato e sem carinho.
Ossudas e grosseiras.

Mãos que jamais calçaram luvas.
Nunca para elas o brilho dos anéis.
Minha pequenina aliança.
Um dia o chamado heroico emocionante:
– Dei Ouro para o Bem de São Paulo.

Mãos que varreram e cozinharam.
Lavaram e estenderam
roupas nos varais.
Pouparam e remendaram.
Mãos domésticas e remendonas.

Íntimas da economia,
do arroz e do feijão
da sua casa.
Do tacho de cobre.
Da panela de barro.
Da acha de lenha.
Da cinza da fornalha.
Que encestavam o velho barreleiro
e faziam sabão.

Minhas mãos doceiras...
Jamais ociosas.
Fecundas. Imensas e ocupadas.

Mãos laboriosas.
Abertas sempre para dar,
ajudar, unir e abençoar.

Mãos de semeador...
Afeitas à sementeira do trabalho.
Minhas mãos raízes
procurando a terra.
Semeando sempre.
Jamais para elas
os júbilos da colheita.

Mãos tenazes e obtusas,
feridas na remoção de pedras e tropeços,
quebrando as arestas da vida.
Mãos alavancas
na escava de construções inconclusas.

Mãos pequenas e curtas de mulher
que nunca encontrou nada na vida.
Caminheira de uma longa estrada.
Sempre a caminhar.
Sozinha a procurar
o ângulo prometido,
a pedra rejeitada.

ERRADOS RUMOS

A caminhada...
Amassando a terra.
Carreando pedras.
Construindo com as mãos
sangrando
a minha vida.

Deserta a longa estrada.
Mortas as mãos viris
que se estendiam às minhas.
Dentro da mata bruta
leiteando imensos vegetais,
cavalgando o negro corcel da febre,
desmontado para sempre.

Passa a falange dos mortos...
Silêncio! Os namorados dormem.
Os poetas cobriram as liras.
Flutuam véus roxos
no espaço.

Na esquina do tempo morto,
a sombra dos velhos seresteiros.
A flauta. O violão. O bandolim.
Alertas as vigilantes
barroando portas e janelas
cerradas.
Cantava de amor a mocidade.

A estrada está deserta.
Alguma sombra escassa.
Buscando o pássaro perdido
morro acima, serra abaixo.

Ninho vazio de pedras.
Eu avante na busca fatigante
de um mundo impreciso,
todo meu,
feito de sonho incorpóreo
e terra crua.

Bandeiras rotas.
Desfraldadas.
Despedaçadas.
Quebrado o mastro
na luta desigual.

Sozinha...
Nua. Espoliada. Assexuada.
Sempre caminheira.
Morro acima. Serra abaixo.
Carreando pedras.

Longa procura
de uma furna escura
fugitiva me esconder,
escondida no meu mundo.
Longe... longe...
Indefinido longe.
Nem sei onde.

O tardio encontro...
Passado o tempo
de semear o vale
de colher o fruto.
O desencontro.
Da que veio cedo e do que veio tarde.

A candeia está apagada.
E na noite gélida
eu me vesti de cinzas.

Restos. Restolhos.
Renegados os mitos.
Quebrados os ícones.
Desfeitos os altares.
Meus olhos estão cansados.
Meus olhos estão cegos.
Os caminhos estão fechados.

Perdida e só...
No clamor da noite
escuto a maldição das pedras.
Meus errados rumos.
Apagada a lâmpada votiva,
tão inútil.

CORA CORALINA, QUEM É VOCÊ?

Sou mulher como outra qualquer.
Venho do século passado
e trago comigo todas as idades.

Nasci numa rebaixa de serra
entre serras e morros.
"Longe de todos os lugares".
Numa cidade de onde levaram
o ouro e deixaram as pedras.

Junto a estas decorreram
a minha infância e adolescência.

Aos meus anseios respondiam
as escarpas agrestes.
E eu fechada dentro
da imensa serrania
que se azulava na distância
longínqua.

Numa ânsia de vida eu abria
o voo nas asas impossíveis
do sonho.

Venho do século passado.
Pertenço a uma geração
ponte, entre a libertação
dos escravos e o trabalhador livre.
Entre a monarquia
caída e a república
que se instalava.

Todo o ranço do passado era
presente.

A brutalidade, a incompreensão, a ignorância, o carrancismo.
Os castigos corporais.
Nas casas. Nas escolas.
Nos quartéis e nas roças.
A criança não tinha vez,
os adultos eram sádicos
aplicavam castigos humilhantes.

Tive uma velha mestra que já
havia ensinado uma geração
antes da minha.
Os métodos de ensino eram
antiquados e aprendi as letras
em livros superados de que
ninguém mais fala.

Nunca os algarismos me
entraram no entendimento.
De certo pela pobreza que marcaria
para sempre minha vida.
Precisei pouco dos números.

Sendo eu mais doméstica do
que intelectual,
não escrevo jamais de forma
consciente e raciocinada, e sim
impelida por um impulso incontrolável.
Sendo assim, tenho a
consciência de ser autêntica.

Nasci para escrever, mas o meio,
o tempo, as criaturas e fatores
outros contramarcaram minha vida.

Sou mais doceira e cozinheira
do que escritora, sendo a culinária
a mais nobre de todas as Artes:

objetiva, concreta, jamais abstrata
a que está ligada à vida e
à saúde humana.

Nunca recebi estímulos familiares para ser literata.
Sempre houve na família, senão uma
hostilidade, pelo menos uma reserva determinada
a essa minha tendência inata.
Talvez, por tudo isso e muito mais,
sinta dentro de mim, no fundo dos meus
reservatórios secretos, um vago desejo de analfabetismo.
Sobrevivi, me recompondo aos
bocados, à dura compreensão dos
rígidos preconceitos do passado.

Preconceitos de classe.
Preconceitos de cor e de família.
Preconceitos econômicos.
Férreos preconceitos sociais.

A escola da vida me suplementou
as deficiências da escola primária
que outras o Destino não me deu.

Foi assim que cheguei a este livro
sem referências a mencionar.

Nenhum primeiro prêmio.
Nenhum segundo lugar.

Nem Menção Honrosa.
Nenhuma Láurea.

Apenas a autenticidade da minha
poesia arrancada aos pedaços
do fundo da minha sensibilidade,
e este anseio:

procuro superar todos os dias
minha própria personalidade
renovada,
despedaçando dentro de mim
tudo que é velho e morto.

Luta, a palavra vibrante
que levanta os fracos
e determina os fortes.

Quem sentirá a Vida
destas páginas...
Gerações que hão de vir
de gerações que vão nascer.

A PROCURA

Andei pelos caminhos da Vida.
Caminhei pelas ruas do Destino –
procurando meu signo.
Bati na porta da Fortuna,
mandou dizer que não estava.
Bati na porta da Fama,
falou que não podia atender.
Procurei a casa da Felicidade,
a vizinha da frente me informou
que ela tinha se mudado
sem deixar novo endereço.
Procurei a morada da Fortaleza.
Ela me fez entrar: deu-me veste nova,
perfumou-me os cabelos,
fez-me beber de seu vinho.
Acertei o meu caminho.

O CHAMADO DAS PEDRAS

A estrada está deserta.
Vou caminhando sozinha.
Ninguém me espera no caminho.
Ninguém acende a luz.
A velha candeia de azeite
de há muito se apagou.

Tudo deserto.
A longa caminhada.
A longa noite escura.
Ninguém me estende a mão.
E as mãos atiram pedras.

Sozinha...
Errada a estrada.
No frio, no escuro, no abandono.
Tateio em volta e procuro a luz.
Meus olhos estão fechados.
Meus olhos estão cegos.
Vêm do passado.

Num bramido de dor.
Num espasmo de agonia
ouço um vagido de criança.
É meu filho que acaba de nascer.

Sozinha...
Na estrada deserta,
sempre a procurar
o perdido tempo
que ficou pra trás.

Do perdido tempo.
Do passado tempo
escuto a voz das pedras:

Volta... Volta... Volta...
E os morros abriam para mim
imensos braços vegetais.

E os sinos das igrejas
que ouvia na distância
Diziam: Vem... Vem... Vem...

E as rolinhas fogo-pagou
das velhas cumeeiras:
Porque não voltou...
Porque não voltou...
E a água do rio que corria
chamava... chamava...

Vestida de cabelos brancos
voltei sozinha à velha casa, deserta.

LUCROS E PERDAS

I

Eu nasci num tempo antigo,
muito velho,
muito velhinho, velhíssimo.

II

Fui menina de cabelos compridos
trançados, repuxados, amarrados com tiras de pano.
Minha mãe não podia comprar fita.
Tinha vestidos compridos
de babado e barra redobrada
(não fosse eu crescer e o vestido ficar perdido).
Minha bisavó, setenta anos mais velha
do que eu, costurava meus vestidos.
Vestido "pregado".
Sabe lá o que era isso?
A humilhação da menina
botando seios, vestindo
vestido pregado...
Tinha outros: os mandriões,
figurinos da minha bisavó.

III

Fui menina do tempo antigo.
Comandado pelos velhos:
barbados, bigodudos, dogmáticos –
botavam cerco na mocidade.

Vigilantes fiscalizavam,
louvavam, censuravam.
Censores acatados. Ouvidos.
Conspícuos.
Felizmente, palavra morta.

IV

A gente era tão original
e os velhos não deixavam.
Não davam trégua.
Havia um gabarito estatuído decimal
e certa régua reguladora
de medidas exatas:
a rotina, o bom comportamento,
parecer com os velhos,
ter atitudes de ancião.

V

Fui moça desse tempo.
Tive meus muitos censores
intra e extralar.
Botaram-me o cerco.
Juntavam-se, revelavam-se
incansáveis. Boa gente.
Queriam me salvar.

VI

Revendo o passado,
balanceando a vida...
No acervo do perdido,
no tanto do ganhado
está escriturado:
"– Perdas e danos, meus acertos.
– Lucros, meus erros".
Daí a falta de sinceridade nos meus versos.

MEU PAI

In Memoriam

Meu pai se foi com sua toga de Juiz.
Nem sei quem lha vestiu.
Eu era tão pequena,
mal nascida.
Ninguém me predizia – vida.

Nada lhe dei nas mãos.
Nem um beijo,
uma oração, um triste ai.
Eu era tão pequena!...
E fiquei sempre pequenina na grande
falta que me fez meu pai.

MÃE DIDI

Alguns perguntam pela minha vida, pelo embrião primário, de como veio e se encontrou comigo a minha poesia, a presença primeira do meu primeiro verso; eu respondo:

Ela cascateia há milênios.
Minha Poesia... Já era viva e eu, sequer nascida.
Veio escorrendo num veio longínquo de cascalho.
De pedra foi o meu berço.
De pedras têm sido meus caminhos.
Meus versos:
pedras quebradas no rolar e bater de tantas pedras.

Dura foi a vida que me fez assim. Dura, sem ternura.
Dolorida sem sentir a dor.
Ausente sem sentir a ausência.
Distante tateando na distância.
Tudo cruel. Todos cruéis.
Impiedosos.

Em torno, o abandono.
Aninha, a menina boba da casa
Foi uma ex-escrava que me amamentou no seu seio fecundo.
Eram seus braços prazenteiros e generosos
que me erguiam, ainda rastejante, e
Aninha adormecia, ouvindo
estórias de encantamento.

Minha madrinha Fada...
Eu era Aninha Borralheira.
Era ela que me tirava da cinza
e me calçava sapatinhos de cristal.
Me vestia. Me carregava na Procissão.
Eu dormia na cadeirinha de seus braços.

E sonhava que era um anjo de verdade
aconchegada na nuvem macia do seu xaile.

Toda a melhor lembrança da minha puerícia distante
está ligada a essa antiga escrava.

No tarde da minha vida assento o seu nome na pedra rude
do meu verso: Mãe Didi.

Para você, Mãe Didi, esta página sem brilho
do Meu Livro de Cordel.

MEU EPITÁFIO

Morta... serei árvore,
serei tronco, serei fronde
e minhas raízes
enlaçadas às pedras de meu berço
são as cordas que brotam de uma lira.

Enfeitei de folhas verdes
a pedra de meu túmulo
num simbolismo
de vida vegetal.

Não morre aquele
que deixou na terra
a melodia de seu cântico
na música de seus versos.

SEMENTE E FRUTO

Um dia, houve.
Eu era jovem, cheia de sonhos.
Rica de imensa pobreza
que me limitava
entre oito mulheres que me governavam.
E eu parti em busca do meu destino.
Ninguém me estendeu a mão.
Ninguém me ajudou e todos me jogaram pedras.

Despojada. Apedrejada.
Sozinha e perdida nos caminhos incertos da vida.
E fui caminhando, caminhando…
E me nasceram filhos.
E foram eles, frágeis e pequeninos,
carecendo de cuidados,
crescendo devagarinho.
E foram eles a rocha onde me amparei,
anteparo à tormenta que viera sobre mim.

Foram eles, na sua fragilidade infante,
poste e alicerce, paredes e cobertura,
segurança de um lar
que o vento da insânia
ameaçava desabar.
Filhos, pequeninos e frágeis…
eu os carregava, eu os alimentava?
Não. Foram eles que me carregaram,
que me alimentaram.

Foram correntes, amarras, embasamentos.
Foram fortes demais.
Construíram a minha resistência.
Filhos, fostes pão e água no meu deserto.

Sombra na minha solidão.
Refúgio do meu nada.
Removi pedras, quebrei as arestas da vida e plantei roseiras.
Fostes, para mim, semente e fruto.
Na vossa inconsciência infantil.
Fostes unidade e agregação.

Crescestes numa escola de luta e trabalho,
depois, cada qual se foi ao seu melhor destino.
E a velha mãe sozinha
devia ainda um exemplo
de trabalho e de coragem.
Minha última dívida de gratidão
aos filhos.
Fiz a caminhada de retorno às raízes ancestrais.
Voltei às origens da minha vida,
escrevi o "Cântico da Volta".

Assim devia ser.
Fiz um nome bonito de doceira, glória maior.
E nas pedras rudes do meu berço
gravei poemas.

ANINHA E SUAS PEDRAS

(Outubro, 1981)

Não te deixes destruir...
Ajuntando novas pedras
e construindo novos poemas.

Recria tua vida, sempre, sempre.
Remove pedras e planta roseiras e faz doces. Recomeça.

Faz de tua vida mesquinha
um poema.
E viverás no coração dos jovens
e na memória das gerações que hão de vir.

Esta fonte é para uso de todos os sedentos.
Toma a tua parte.
Vem a estas páginas
e não entraves seu uso
aos que têm sede.

ESTA É A TUA SAFRA

Minha filha, junto a teus irmãos não lamentem nem digam,
coitada da mamãe...
Ninguém é coitada, nem eu.
Somos todos lutadores.

Se souberes viver, aproveitar lições, escreverás poemas.
Teus cabelos brancos serão bandeiras de paz.
E viverás na lembrança das novas gerações.

Não te queixes jamais das mãos vazias que sacodem lama.
E pedaços rudes de um passado morto não sejam revividos,
sem mais empenho senão enxovalhar, ferir e destruir.

Recria sempre com valor
o pouco ou o muito que te resta.
Prossegue. Em resposta ao néscio
brotará sempre uma flor escassa
das pedras e da lama que procuram te alcançar.
Esta é a tua luta.

Tua vida é apagada. Acende o fogo nas geleiras que te cercam.
O tardio poema dos teus cabelos brancos.
Recebe como oferta as pedras e a lama da maldade humana.
Esta é a tua safra.

ELES

Eles… Vigilantes, censores.
Estranhos não ajudam, carreiam pedras.
Eles… sei de seu respeito filial.
Juízes mudos, singulares, severos,
no seu foro íntimo.
Impenetráveis. Os autos…
O julgamento constante em assembleia, reunidos ou não.
A falta de afinidades…
O choque, a vida intrauterina,
eles, em formação, recebendo o rebate, bate que bate
de tanta luta inglória…
União frágil, desfeita espiritualmente, rota, rasgada, violentada.

PARA O MEU VISITANTE EDUARDO MELCHER FILHO

Ele me disse:
trabalho com um computador e não estou satisfeito.
Gostaria de ser pintor, compositor, poeta.
Escrever romances, fazer Arte.
Meu elemento de trabalho é por demais mecânico,
insensível, impessoal.

Amigo, disse-lhe em mensagem:
olha bem uma lixeira, um monte de lixo.
Não voltes o rosto enojado,
nem leves o lenço ao nariz ao cheiro acre
que te parece insuportável.
No lixo nauseante há uma vida,
muitas vidas
e na vida haverá sempre sentimento,
vibração e poesia.
Tudo que compõe o lixo veio da terra
e, depois de aproveitado,
usado, espremido e sugado,
volta para a terra.

Milhões de germens fazem ali uma química
poderosa e fecundante,
transformando em húmus a matéria orgânica,
repulsiva e rejeitada.
Ela vai fazer seu retorno à terra
num processo perene de transformação
e esta a devolverá a ti
no sabor perfumado de um sorvete de morangos.

Procura sempre a alma oculta do teu computador.
Ele é uma criação maravilhosa da inteligência humana.
Um dia tua sensibilidade a encontrará.

OS HOMENS

Em água e vinho se definem os homens.

Homem água. É aquele fácil e comunicativo.
Corrente, abordável, servidor e humano.
Aberto a um pedido, a um favor,
ajuda em hora difícil de um amigo, mesmo estranho.
Dá o que tem
– boa vontade constante, mesmo dinheiro, se o tem.
Não espera restituição nem recompensa.

É como a água corrente e ofertante,
encontradiça nos descampados de uma viagem.
Despoluída, límpida e mansa.
Serve a animais e vegetais.
Vai levada a engenhos domésticos em regueiras, represas e açudes.
Aproveitada, não diminui seu valor, nem cobra preço.
Conspurcada seja, se alimpa pela graça de Deus
que assim a fez, servindo sempre
e à sua semelhança fez certos homens que encontramos na vida
– os Bons da Terra – Mansos de Coração.
Água pura da humanidade.

Há também, lado a lado, o homem vinho.
Fechado nos seus valores inegáveis e nobreza reconhecida.
Arrolhado seu espírito de conteúdo excelente em todos os sentidos.
Resguardados seus méritos indiscutíveis.
Oferecido em pequenos cálices de cristal a amigos
e visitantes excelsos, privilegiados.

Não abordável, nem fácil sua confiança.
Correto. Lacrado.
Tem lugar marcado na sociedade humana.
Rigoroso.

Não se deixa conduzir – conduz.
Não improvisa – estuda, comprova.
Não aceita que o golpeiem,
defende-se antecipadamente.
Metódico, estudioso, ciente.

Há de permeio o homem vinagre,
uma réstia deles,
mas com esses não vamos perder espaço.
Há lugar na vida para todos.
Em qual dos grupos se julga situado você, leitor amigo?

SOMBRAS

Tudo em mim vai se apagando.
Cede minha força de mulher de luta em dizer:
estou cansada.

A claridade se faz em névoa e bruma.
O livro amado: o negro das letras se embaralham,
entortam as linhas paralelas.
Dançam as palavras,
a distância se faz em quebra-luz.

Deixo de reconhecer rostos amigos, familiares.
Um véu tênue vai se incorporando no campo da retina.
Passam lentamente como ovelhas mansas os vultos conhecidos
que já não reconheço.

É a catarata amortalhando a visão que se faz sombra.

Sinto que cede meu valor de mulher de luta,
e eu me confesso:
estou cansada.

CANTO SOLIDÁRIO

Mulher da Vida,
Minha irmã.

TODAS AS VIDAS

Vive dentro de mim
uma cabocla velha
de mau-olhado,
acocorada ao pé do borralho,
olhando pra o fogo.
Benze quebranto.
Bota feitiço...
Ogum. Orixá.
Macumba, terreiro.
Ogã, pai de santo...

Vive dentro de mim
a lavadeira do Rio Vermelho.
Seu cheiro gostoso
d'água e sabão.
Rodilha de pano.
Trouxa de roupa,
pedra de anil.
Sua coroa verde de são-caetano.

Vive dentro de mim
a mulher cozinheira.
Pimenta e cebola.
Quitute bem-feito.
Panela de barro.
Taipa de lenha.
Cozinha antiga
toda pretinha.
Bem cacheada de picumã.
Pedra pontuda.
Cumbuco de coco.
Pisando alho-sal.

Vive dentro de mim
a mulher do povo.
Bem proletária.
Bem linguaruda,
desabusada, sem preconceitos,
de casca-grossa,
de chinelinha,
e filharada.

Vive dentro de mim
a mulher roceira.
– Enxerto da terra,
meio casmurra.
Trabalhadeira.
Madrugadeira.
Analfabeta.
De pé no chão.
Bem parideira.
Bem criadeira.
Seus doze filhos,
Seus vinte netos.

Vive dentro de mim
a mulher da vida.
Minha irmãzinha...
tão desprezada,
tão murmurada...
Fingindo alegre seu triste fado.

Todas as vidas dentro de mim.
Na minha vida –
a vida mera das obscuras.

BECOS DE GOIÁS

Beco da minha terra...
Amo tua paisagem triste, ausente e suja.
Teu ar sombrio. Tua velha umidade andrajosa.
Teu lodo negro, esverdeado, escorregadio.
E a réstia de sol que ao meio-dia desce, fugidia,
e semeia polmes dourados no teu lixo pobre,
calçando de ouro a sandália velha,
jogada no teu monturo.

Amo a prantina silenciosa do teu fio de água,
descendo de quintais escusos
sem pressa,
e se sumindo depressa na brecha de um velho cano.
Amo a avenca delicada que renasce
na frincha de teus muros empenados,
e a plantinha desvalida, de caule mole
que se defende, viceja e floresce
no agasalho de tua sombra úmida e calada.

Amo esses burros de lenha
que passam pelos becos antigos. Burrinhos dos morros,
secos, lanzudos, malzelados, cansados, pisados.
Arrochados na sua carga, sabidos, procurando a sombra,
no range-range das cangalhas.

E aquele menino, lenheiro ele, salvo seja.
Sem infância, sem idade.
Franzino, maltrapilho,
pequeno para ser homem,
forte para ser criança.
Ser indefeso, indefinido, que só se vê na minha cidade.

Amo e canto com ternura
todo o errado da minha terra.

Becos da minha terra,
discriminados e humildes,
lembrando passadas eras...

Beco do Cisco.
Beco do Cotovelo.
Beco do Antônio Gomes.
Beco das Taquaras.
Beco do Seminário.
Bequinho da Escola.
Beco do Ouro Fino.
Beco da Cachoeira Grande.
Beco da Calabrote.
Beco do Mingu.
Beco da Vila Rica...

Conto a estória dos becos,
dos becos da minha terra,
suspeitos... mal afamados
onde família de conceito não passava.
"Lugar de gentinha" – diziam, virando a cara.
De gente do pote d'água.
De gente de pé no chão.
Becos de mulher perdida.
Becos de mulheres da vida.
Renegadas, confinadas
na sombra triste do beco.
Quarto de porta e janela.
Prostituta anemiada,
solitária, hética, engalicada,
tossindo, escarrando sangue
na umidade suja do beco.

Becos mal-assombrados.
Becos de assombração...
Altas horas, mortas horas...

Capitão-mor – alma penada,
terror dos soldados, castigado nas armas.
Capitão-mor, alma penada,
num cavalo ferrado,
chispando fogo,
descendo e subindo o beco,
comandando o quadrado – feixe de varas...
Arrastando espada, tinindo esporas...

Mulher-dama. Mulheres da vida,
perdidas,
começavam em boas casas, depois,
baixavam pra o beco.
Queriam alegria. Faziam bailaricos.
– Baile Sifilítico – era ele assim chamado.
O delegado-chefe de Polícia – brabeza –
dava em cima...
Mandava sem dó, na peia.
No dia seguinte, coitadas,
cabeça raspada a navalha,
obrigadas a capinar o Largo do Chafariz,
na frente da Cadeia.

Becos da minha terra...
Becos de assombração.
Românticos, pecaminosos....
Têm poesia e têm drama.
O drama da mulher da vida, antiga,
humilhada, malsinada.
Meretriz venérea,
desprezada, mesentérica, exangue.
Cabeça raspada a navalha,
castigada a palmatória,
capinando o largo,
chorando. Golfando sangue.

ÚLTIMO ATO

Um irmão vicentino comparece.
Traz uma entrada grátis do São Pedro de Alcântara.
Uma passagem de terceira no grande coletivo de São Vicente.
Uma estação permanente de repouso – no aprazível São Miguel.

                                                  Cai o pano.

MULHER DA VIDA

*Contribuição para o Ano
Internacional da Mulher, 1975.*

Mulher da Vida,
Minha irmã.

De todos os tempos.
De todos os povos.
De todas as latitudes.
Ela vem do fundo imemorial das idades
e carrega a carga pesada
dos mais torpes sinônimos,
apelidos e apodos:
Mulher da zona,
Mulher da rua,
Mulher perdida,
Mulher à toa.

Mulher da Vida,
Minha irmã.

Pisadas, espezinhadas, ameaçadas.
Desprotegidas e exploradas.
Ignoradas da Lei, da Justiça e do Direito.

Necessárias fisiologicamente.
Indestrutíveis.

Sobreviventes.
Possuídas e infamadas sempre
por aqueles que um dia
as lançaram na vida.
Marcadas. Contaminadas.
Escorchadas. Discriminadas.

Nenhum direito lhes assiste.
Nenhum estatuto ou norma as protege.
Sobrevivem como a erva cativa
dos caminhos,
pisadas, maltratadas e renascidas.

Flor sombria, sementeira espinhal
gerada nos viveiros da miséria,
da pobreza e do abandono,
enraizada em todos os quadrantes
da Terra.

Um dia, numa cidade longínqua, essa
mulher corria perseguida pelos homens
que a tinham maculado. Aflita, ouvindo
o tropel dos perseguidores e o sibilo
das pedras,
ela encontrou-se com a Justiça.

A Justiça estendeu sua destra poderosa
e lançou o repto milenar:
"Aquele que estiver sem pecado
atire a primeira pedra".

As pedras caíram
e os cobradores deram as costas.

O Justo falou então a palavra
de equidade:
"Ninguém te condenou, mulher... nem
eu te condeno".

A Justiça pesou a falta pelo peso
do sacrifício e este excedeu àquela.
Vilipendiada, esmagada.
Possuída e enxovalhada,
ela é a muralha que há milênios

detém as urgências brutais do homem
para que na sociedade
possam coexistir a inocência,
a castidade e a virtude.

Na fragilidade de sua carne maculada
esbarra a exigência impiedosa do macho.

Sem cobertura de leis
e sem proteção legal,
ela atravessa a vida ultrajada
e imprescindível, pisoteada, explorada,
nem a sociedade a dispensa
nem lhe reconhece direitos
nem lhe dá proteção.
E quem já alcançou o ideal dessa mulher,
que um homem a tome pela mão,
a levante, e diga: minha companheira.

> Mulher da Vida,
> Minha irmã.

No fim dos tempos.
No dia da Grande Justiça
do Grande Juiz.
Serás remida e lavada
de toda condenação.

E o juiz da Grande Justiça
a vestirá de branco
em novo batismo de purificação.
Limpará as máculas de sua vida
humilhada e sacrificada
para que a Família Humana
possa subsistir sempre,
estrutura sólida e indestrutível
da sociedade,

de todos os povos,
de todos os tempos.

                    Mulher da Vida,
                    Minha irmã.

Declarou-lhes Jesus: Em verdade vos digo que publicanos
e meretrizes vos precedem no Reino de Deus.
Evangelho de São Mateus 21, 31.

A LAVADEIRA

Essa Mulher...
Tosca. Sentada. Alheada...
Braços cansados
descansando nos joelhos...
Olhar parado, vago,
perdida no seu mundo
de trouxas e espuma de sabão
– é a lavadeira.

Mãos rudes, deformadas.
Roupa molhada.
Dedos curtos.
Unhas enrugadas.
Córneas.
Unheiros doloridos
passaram, marcaram.
No anular, um círculo metálico
barato, memorial.

Seu olhar distante,
parado no tempo.
À sua volta
– uma espumarada branca de sabão.

Inda o dia vem longe
na casa de Deus Nosso Senhor,
o primeiro varal de roupa
festeja o sol que vai subindo,
vestindo o quaradouro
de cores multicores.

Essa mulher
tem quarentanos de lavadeira.

Doze filhos
crescidos e crescendo.

Viúva, naturalmente.
Tranquila, exata, corajosa.

Temente dos castigos do céu.
Enrodilhada no seu mundo pobre.

Madrugadeira.

Salva a aurora.
Espera pelo sol.
Abre os portais do dia
entre trouxas e barrelas.

Sonha calada.
Enquanto a filharada cresce,
trabalham suas mãos pesadas.

Seu mundo se resume
na vasca, no gramado.
No arame e prendedores.
Na tina d'água.
De noite – o ferro de engomar.

Vai lavando. Vai levando.
Levantando doze filhos
crescendo devagar,
enrodilhada no seu mundo pobre,
dentro de uma espumarada
branca de sabão.

Às lavadeiras do Rio Vermelho
da minha terra,
faço deste pequeno poema
meu altar de ofertas.

A OUTRA FACE

Tudo deserto.
Alguém sozinha
na noite
no frio
procurando os berços
que já não cabem os meninos.
Eles cresceram tanto
que já não cabem nos berços.
Outras crianças virão?
Já não se precisa de berços?
Onde estão as criancinhas?
Indesejáveis, por aí...
nas creches.

Há um guerreiro caído.
Há cem guerreiros caídos.
Milhares de guerreiros em fuga.
A terra dura contaminada.
Os trigais perdidos.
O pão queimado,
esquecido no forno.
A erva está envenenada.
As fontes poluídas.

Não há mais verdes,
nem heróis nem nada.
Os ventres estão infecundos.
Os lares abandonados.
As trompas foram silenciadas.
Filhos... pílulas.
Terror. Terroristas.
Violência. Violentos.
Assaltos. Assaltantes.

Sequestros. Sequestradores.
Drogados...
Onde estão eles?

Um estrondo abala a terra.
A última bomba?
Não, a explosão demográfica.
Faz medo na vastidão
rarefeita
de oito milhões
de quilômetros quadrados.
Talvez na manhã do amanhã
um óbice à rapinagem.

... e disse o Criador:
Crescei e multiplicai-vos.
Enchei a terra
até os seus confins.

Veio Malthus:
Limitai os filhos.
Planejai a família
como qualquer empresa.
Haverá mais bocas
para comer
do que abastos para ser comido.

A retaguarda é grande
e os condutores incertos
dentro de oito milhões
de quilômetros vazios.

O vale da vida
está ressecado.
As trompas obstruídas.
A semente infértil
no campo árido.

O lar superado.
As mulheres desligadas.

Filhos por acaso, clandestinos
forçarão barreiras,
múltiplos obstáculos.
Toda gestação será de risco.
Limitações sofisticadas.
A mulher, não mãe, maternidade.
Operária. Funcionária.
Gerente gerenciando,
computando perdas e ganhos
alheios,
igualando, superando,
vitoriosas, tumultuadas.
A neurose que vai se alargando.

Mestres mestreiam as mães
a se negarem aos filhos.
Esterilizam as fontes geratrizes.
Estimulam o Eros.
Sofismam. Virgindade,
família – anacronismos.
Os antigos valores descartados.
O medo coletivo de ser quadrado.
O vale da vida
será ressecado.

Subdesenvolvidos.
Subnutridos.
Subalimentados.

Submissos.
Subversivos.
Sub. Sub. Sub.

Um estrondo abala a terra.
A última bomba?
Ainda não.
A explosão demográfica.

MENOR ABANDONADO

Versos amargos para o
Ano Internacional da Criança, 1979.

De onde vens, criança?
Que mensagem trazes de futuro?
Por que tão cedo esse batismo impuro
que mudou teu nome?

Em que galpão, casebre, invasão, favela,
ficou esquecida tua mãe?...
E teu pai, em que selva escura
se perdeu, perdendo o caminho
do barraco humilde?...

Criança periférica rejeitada...
Teu mundo é um submundo.
Mão nenhuma te valeu na derrapada.

Ao acaso das ruas – nosso encontro.
És tão pequeno... e eu tenho medo.
Medo de você crescer, ser homem.
Medo da espada de teus olhos...

Medo da tua rebeldia antecipada.
Nego a esmola que me pedes.
Culpa-me tua indigência inconsciente.
Revolta-me tua infância desvalida.

Quisera escrever versos de fogo,
e sou mesquinha.
Pudesse eu te ajudar, criança-estigma.
Defender tua causa, cortar tua raiz
chagada...

És o lema sombrio de uma bandeira
que levanto,
pedindo para ti – Menor Abandonado,
Escolas de Artesanato – Mater et Magistra
que possam te salvar, deter a tua queda...

Ninguém comigo na floresta escura...
E o meu grito impotente se perde
na acústica indiferente das cidades.

Escolas de Artesanato para reduzir
o gigantismo enfermo
da criança enferma
é o meu perdido S.O.S.

Estou sozinha na floresta escura
e o meu apelo se perdeu inútil
na acústica insensível da cidade.
És o infante de um terceiro mundo
em lenta rotação para o encontro
do futuro.

Há um fosso de separação
entre três mundos.
E tu – Menor Abandonado –
és a pedra, o entulho e o aterro
desse fosso.

Quisera a tempo te alcançar,
mudar teu rumo.
De novo te vestir a veste branca
de um novo catecúmeno.
És tanto e tantos teus irmãos
na selva densa...

E eu sozinha na cidade imensa!
"Escolas de ofícios Mãe e Mestra"

para tua legião.
Mãe para o amor.
Mestra para o ensino.

Passa, criança... Segue o teu destino.
Além é o teu encontro.
Estarás sentado, curvado, taciturno.
Sete "homens bons" te julgarão.
Um juiz togado dirá textos de Lei
que nunca entenderás.
– Mais uma vez mudarás de nome.
E dentro de uma casa muito grande
e muito triste – serás um número.

E continuará vertendo inexorável
a fonte poluída de onde vens.

Errante, cansado de vagar,
dormirás como um rafeiro
enrodilhado, vagabundo, clandestino
na sombra das cidades
que crescem sem parar.

Há um fosso entre três mundos.
E tu, Menor Abandonado,
és o entulho, as rebarbas e o aterro
desse fosso.

Acorda, Criança,
Hoje é o teu dia... Olha, vê como brilha lá longe,
na manchete vibrante dos jornais,
na consciência heroica dos juízes,
no cartaz luminoso da cidade,
o ANO INTERNACIONAL DA CRIANÇA.

PABLO NERUDA
(III)

Poeta. Quando te foste para sempre
plangeram os sinos da
terra e silvaram todas as sirenas
dando aviso no universo.

Partiu-se o fio de ouro filigrana
da tua poesia universal.
Em que estrela remota
terá pousado tua cabeça
de poeta total?

Grande cantor das Américas,
domador insigne desse potro
bravio que descantas.
Indomado ao buçal e ao freio
com que tentam quebrar
tua rebeldia xucra.

Grande poeta.
Teu corpo gélido vai se desintegrando
molécula após molécula
na terra fria de Temuco,
e vai se integrando de novo
no grande todo universal.
E eu o vejo comandando
no etéreo todos os potros
indomados da Terra.

ISRAEL... ISRAEL...

O débito universal
jamais quitado.

Perseguidos. Espoliados. Rejeitados.
Discriminados. Escravizados. Gaseados. Redivivos.

Povo Heroico.

De tua crença indômita veio o Deus único.
De teu povo veio o Cristo.
Veio a Virgem Maria.
Vieram os Profetas.
Os evangelistas.
E os grandes ensinamentos dos Evangelhos.

No Decálogo orienta-se
toda a Civilização do Ocidente.

Ainda não existiam os códigos
dos povos civilizados e já os princípios imutáveis
da Lei e da Justiça estavam inseridos
nas páginas remotas do Pentateuco
e deles serve-se o Direito Contemporâneo.

Judeu, meu irmão.

BARCO SEM RUMO

Há muitos anos,
no fim da última guerra,
mais para o ano de 1945,
diziam os jornais de um navio fantasma
percorrendo os mares e procurando um porto.

Sua única identificação:
– drapejava no alto mastro uma bandeira branca.
Levava sua carga humana.
Salvados de guerra e de uma só raça.
Incerto e sem destino,
todos os portos se negaram a recebê-lo.

Acompanhando pelo noticiário do tempo
o drama daquele barco,
mentalmente e emocionalmente
eu arvorava em cada porto do meu País
uma bandeira de Paz
e escrevia em letras de diamantes:
Desce aqui.
Aceita esta bandeira que te acolhe fraterna e amiga.

Convive com o meu povo pobre.
Compreende e procura ser compreendido.
Come com ele o pão da fraternidade
e bebe a água pura da esperança.
Aguarda tempos novos para todos.

Não subestimes nossa ignorância e pobreza.
Aceita com humildade o que te oferecemos:
terra generosa e trabalho fácil.

Reparte com quem te recebe
teu saber milenar,
Judeu, meu irmão.

MEU AMIGO

(In memoriam)

Conto para você umas coisas que estão acontecendo
na Casa Velha da Ponte.
Cantou esta manhã um bem-te-vi, último, penúltimo, talvez.
Era um cantar solene e triste.
Não mais o alegre desafio de todos os bem-te-vis
desaparecidos de Goiás.
Era assim, como uns gritos, lamentos de socorro.
Mas não era do bem-te-vi que eu ia falar.

Faz tempo, queria contar para a sua ternura,
essas coisas miúdas que nós entendemos.
Ah! Meu amigo e confrade…
As rolinhas… As últimas, fogo-pagou, cantaram a cantiga
da despedida no telhado negro da Velha Casa.
Cantaram em nostalgia toda uma certa manhã passada.
Olhei. Eram cinco, as derradeiras.
Levantaram voo e se foram para sempre.

Não mais seus grupinhos cinzentos e asseados
nos trilheiros do velho quintal, catando suas comidinhas,
sementes de capim, dadas pelo Bom Deus.
Aqueles que não plantam e não colhem e têm direito à vida.
Sempre puras. Nem a rainha de Sabá teria meias tão vermelhas
e veste tão linda como elas.

Cantaram seus louvores.
A louvação da despedida final.
E se foram para um indefinido longe, ninguém sabe onde.
Onde não houvesse sementinha envenenada
e sim o chorinho escondido de água impoluída.

Ficou para nós, velhos namorados dessas coisas simples,
a lembrança, essa doçura de evocação.
Elas deixaram este recado:
Fala para seu amigo que não tinha mais jeito...
E a Casa Velha da Ponte ficou desfalcada
de seus encantamentos.

Tanto papel escrito, tanta coisa inútil.
Se tudo já foi dito, o que ficou para mim?...
A palavra nova... Como será?
Mesmo nova será nascida de um arcaísmo.
Neste livro, o que terá valor?
O que ficou sem escrever.
O maior valor dos meus livros.
Poucos. Escritos no tarde da vida:
a exaltação à minha escola primária,
a sombra da velha Mestra,
a bolacha da minha bisavó,
as broinhas da tia Nhorita,
a sabedoria de meu avô,
um canto de galo, um cheiro de curral,
o arrulho da juriti,
resumindo tudo no carreiro Anselmo.

LEMBRANÇAS DE ANINHA
(OS URUBUS)

Eu os vejo, através das lentes da recordação.
Os urubus. Nos telhados e muros da cidade
abriam suas negras asas espanejando suas penas chuvadas,
para retornarem ao voo alto.
Às vezes, vinham doentes, claudicantes,
comboiados pelos parceiros em círculo,
"planejando o vento", dizia a gente mais antiga da cidade.

Baixavam na velha cajazeira do quintal,
tomavam seus fôlegos, passavam para a murada,
depois para a terra.
Os companheiros se mandavam de volta e o perrengue ficava.
As galinhas assustadas, arredias.
Depois se acamaradavam.
O doente, jururu, perdida sua capacidade de voo,
estava ali encantuado, soturno, asa caída, desarvorado.
E vinham os companheiros, eu vi, escondida na moita de bambu,
alimentavam seu doente, devolviam, repassavam seus comeres
bico a bico para a goela do urubu mofino, o que traziam no papo,
buxo o que seja, como fazem os pássaros com seus filhotes.
Certo, que a ave combalida recebia sua ração alimentar
e conseguia sobreviver.
Água não faltava, nesse tempo a bica era prolongada até o quintal,
onde as galinhas criavam redadas de pintos
que se faziam comboios de frangos.
Um dia um urubu refeito, da terra passava para o muro,
experimentando a força. E logo depois, junto aos outros,
ia de volta a sua vida de ave carniceira.
Ninguém judiava do doente. Eu gostava de ver
quando os companheiros ficavam perto alimentando o parceiro.
Minha bisavó dizia que davam exemplo para os vivos (humanos).

Houve tempo na cidade em que era proibido matar urubu.
Postura da Intendência que os tinha como auxiliares da limpeza pública
e eles se fartavam lá pelo matadouro, onde eram atiradas
cabeças e vísceras das reses abatidas.

Não raro aparecia com o bando um urubu-rei,
com sua cabeça vermelha e seu porte maior.
Onde foram os bandos negros que faziam seus rodeios
no azul do espaço? Onde beija-flores e andorinhas,
os negros anus gritadores, almas-de-gato dos açoriados do rio?
E você, pequeno tico-tico, que mereceu mesmo uma composição musical,
"Tico-tico no fubá", e foi nome de uma das melhores e mais antigas
revistas infantis? E o sabido martim-pescador, tão certeiro
nas suas incursões pelo rio, levantando no bico recurvo o peixe pressentido?
Onde os bem-te-vis dos altos coqueiros
com seus constantes desafios? Onde mais esses poetas alados
marcados pela juriti das velhas mangueiras?
Foram-se para sempre.

CELEBRAÇÕES

Fragrâncias novas no milharal.
– Senhor, como a roça cheira bem!...

ORAÇÃO DO MILHO

Introdução ao Poema do milho

Senhor, nada valho.
Sou a planta humilde dos quintais pequenos e das lavouras pobres.
Meu grão, perdido por acaso,
nasce e cresce na terra descuidada.
Ponho folhas e haste, e se me ajudardes, Senhor,
mesmo planta de acaso, solitária,
dou espigas e devolvo em muitos grãos
o grão perdido inicial, salvo por milagre,
que a terra fecundou.
Sou a planta primária da lavoura.
Não me pertence a hierarquia tradicional do trigo
e de mim não se faz o pão alvo universal.
O Justo não me consagrou Pão de Vida, nem lugar me foi dado nos altares.
Sou apenas o alimento forte e substancial dos que
trabalham a terra, onde não vinga o trigo nobre.
Sou de origem obscura e de ascendência pobre,
alimento de rústicos e animais do jugo.

Quando os deuses da Hélade corriam pelos bosques,
coroados de rosas e de espigas,
quando os hebreus iam em longas caravanas
buscar na terra do Egito o trigo dos faraós,
quando Rute respigava cantando nas searas de Booz
e Jesus abençoava os trigais maduros,
eu era apenas o bró nativo das tabas ameríndias.

Fui o angu pesado e constante do escravo na exaustão do eito.
Sou a broa grosseira e modesta do pequeno sitiante.
Sou a farinha econômica do proletário.
Sou a polenta do imigrante e a miga dos que começam a vida em terra
[estranha.

Alimento de porcos e do triste mu de carga.
O que me planta não levanta comércio, nem avantaja dinheiro.
Sou apenas a fartura generosa e despreocupada dos paióis.
Sou o cocho abastecido donde rumina o gado.
Sou o canto festivo dos galos na glória do dia que amanhece.
Sou o cacarejo alegre das poedeiras à volta dos seus ninhos.
Sou a pobreza vegetal agradecida a Vós, Senhor,
que me fizestes necessário e humilde.
Sou o milho.

POEMA DO MILHO

Milho...
Punhado plantado nos quintais.
Talhões fechados pelas roças.
Entremeado nas lavouras.
Baliza marcante nas divisas.
Milho verde. Milho seco.
Bem granado, cor de ouro.
Alvo. Às vezes vareia
– espiga roxa, vermelha, salpintada.

Milho virado, maduro, onde o feijão enrama.
Milho quebrado, debulhado
na festa das colheitas anuais.
Bandeira de milho levada para os montes,
largada pelas roças.
Bandeiras esquecidas na fartura.
Respiga descuidada
dos pássaros e dos bichos.

Milho empaiolado...
Abastança tranquila
do rato,
do caruncho,
do cupim.
Palha de milho para o colchão.
Jogada pelos pastos.
Mascada pelo gado.
Trançada em fundos de cadeiras.

Queimada nas coivaras.
Leve mortalha de cigarros.
Balaio de milho trocado com o vizinho
no tempo da planta.
"– Não se planta, nos sítios, semente da mesma terra."

Ventos rondando, redemoinhando.
Ventos de outubro.

Tempo mudado. Revoo de saúva.
Trovão surdo, tropeiro.
Na vazante do brejo, no lameiro,
o sapo-fole, o sapo-ferreiro, o sapo-cachorro.
Acauã de madrugada
marcando o tempo, chamando chuva.
Roça nova encoivarada,
começo de brotação.
Roça velha destocada.
Palhada batida, riscada de arado.
Barrufo de chuva.
Cheiro de terra, cheiro de mato.
Terra molhada. Terra saroia.
Noite chuvada, relampeada.
Dia sombrio. Tempo mudado, dando sinais.
Observatório: lua virada. Lua pendida...
Circo amarelo, distanciado,
marcando chuva.
Calendário, Astronomia do lavrador.

Planta de milho na lua nova.
Sistema velho colonial.
Planta de enxada.
– Seis grãos na cova,
quatro na regra, dois de quebra.
Terra arrastada com o pé,
pisada, incalcada, mode os bichos.

Lanceado certo cabo-da-enxada.
Vai, vem... sobe, desce...
Terra molhada, terra saroia...
– Seis grãos na cova; quatro na regra, dois de quebra.
Sobe. Desce...

Camisa de riscado, calça de mescla.
Vai, vem...
golpeando a terra, o plantador.

Na sombra da moita,
na volta do toco – o ancorote d'água.

Cavador de milho, que está fazendo?
Há que milênios vem você plantando.
Capanga de grãos dourados a tiracolo.
Crente da terra. Sacerdote da terra.
Pai da terra.
Filho da terra.
Ascendente da terra.
Descendente da terra.
Ele, mesmo, terra.

Planta com fé religiosa.
Planta sozinho, silencioso.
Cava e planta.
Gestos pretéritos, imemoriais.
Oferta remota, patriarcal.
Liturgia milenária.
Ritual de paz.

Em qualquer parte da Terra
um homem estará sempre plantando,
recriando a Vida.
Recomeçando o Mundo.

Milho plantado; dormindo no chão, aconchegados
seis grãos na cova.
Quatro na regra, dois de quebra.
Vida inerte que a terra vai multiplicar.

E vem a perseguição:
o bichinho anônimo que espia, pressente.

A formiga-cortadeira – quenquém.
A ratinha do chão, exploradeira.
A rosca vigilante na rodilha.
O passo-preto vagabundo, galhofeiro,
vaiando, sirrindo...
aos gritos arrancando, mal aponta.
O cupim clandestino
roendo, minando,
só de ruindade.

E o milho realiza o milagre genético de nascer.
Germina. Vence os inimigos.
Aponta aos milhares.
– Seis grãos na cova.
– Quatro na regra, dois de quebra.
Um canudinho enrolado.
Amarelo-pálido,
frágil, dourado, se levanta.
Cria sustância.
Passa a verde.
Liberta-se. Enraíza.
Abre folhas espaldeiradas.
Encorpa. Encana. Disciplina,
com os poderes de Deus.

Jesus e São João
desceram de noite na roça,
botaram a bênção no milho.
E veio com eles
uma chuva maneira, criadeira, fininha,
uma chuva velhinha,
de cabelos brancos,
abençoando
a infância do milho.

O mato vem vindo junto.
Sementeira.

As pragas todas, conluiadas.
Carrapicho. Amargoso. Picão.
Marianinha. Caruru-de-espinho.
Pé-de-galinha. Colchão.
Alcança, não alcança.
Competição.
Pac... Pac... Pac...
a enxada canta.
Bota o mato abaixo.
Arrasta uma terrinha para o pé da planta.
"– Carpa bem-feita vale por duas..."
quando pode. Quando não... sarobeia.
Chega terra. O milho avoa.

Cresce na vista dos olhos.
Aumenta de dia. Pula de noite.
Verde. Entonado, disciplinado, sadio.

Agora...
A lagarta da folha,
lagarta rendeira...
Quem é que vê?
Faz renda da folha no quieto da noite.
Dorme de dia no olho da planta.
Gorda. Barriguda. Cheia.
Expurgo... Nada... força da lua...
Chovendo acaba – a Deus querê.

"– O mio tá bonito..."
"– Vai sê bão o tempo pras lavoras todas..."
"– O mio tá marcando..."
Condicionando o futuro:
"– O roçado de seu Féli tá qui fais gosto...
Um refrigério!"
"– O mio lá tá verde qui chega a s'tar azur..."
Conversam vizinhos e compadres.

Milho crescendo, garfando,
esporando nas defesas.
Milho embandeirado.
Embalado pelo vento.

"Do chão ao pendão, 60 dias vão".

Passou aguaceiro, pé de vento.
"– O milho acamou..." "– Perdido?"... "– Nada...
Ele arriba com os poderes de Deus..."
E arribou mesmo, garboso, empertigado, vertical.

No cenário vegetal
um engraçado boneco de frangalhos
sobreleva, vigilante.
Alegria verde dos periquitos gritadores...
Bandos em sequência... Evolução...
Pouso... retrocesso.

Manobras em conjunto.
Desfeita formação.
Roedores grazinando, se fartando,
foliando, vaiando
os ingênuos espantalhos.

"Jesus e São João
andaram de noite passeando na lavoura
e botaram a bênção no milho."
Fala assim gente de roça e fala certo.
Pois não está lá na taipa do rancho
o quadro deles, passeando dentro dos trigais?
Analogias... Coerências.

Milho embandeirado
bonecando em gestação.
– Senhor!... Como a roça cheira bem!
Flor de milho, travessa e festiva.

Flor feminina, esvoaçante, faceira.
Flor masculina – lúbrica, desgraciosa.

Bonecas de milho túrgidas,
negaceando, se mostrando vaidosas.
Túnicas, sobretúnicas...
Saias, sobressaias...
Anáguas... camisas verdes.
Cabelos verdes...
Cabeleiras soltas, lavadas, despenteadas...
– O milharal é desfile de beleza vegetal.

Cabeleiras vermelhas, bastas, onduladas.
Cabelos prateados, verde-gaio.
Cabelos roxos, lisos, encrespados.
Destrançados.
Cabelos compridos, curtos,
queimados, despenteados...
Xampu de chuvas...
Fragrâncias novas no milharal.
– Senhor, como a roça cheira bem!...

As bandeiras altaneiras
vão-se abrindo em formação.
Pendões ao vento.
Extravasão da libido vegetal.
Procissão fálica, pagã.
Um sentido genésico domina o milharal.
Flor masculina erótica, libidinosa,
polinizando, fecundando
a florada adolescente das bonecas.

Boneca de milho, vestida de palha...
Sete cenários defendem o grão.
Gordas, esguias, delgadas, alongadas.
Cheias, fecundadas.
Cabelos soltos excitantes.

Vestidas de palha.
Sete cenários defendem o grão.
Bonecas verdes, vestidas de noiva.
Afrodisíacas, nupciais...

De permeio algumas virgens loucas...
Descuidadas. Desprovidas.
Espigas falhadas. Fanadas. Macheadas.

Cabelos verdes. Cabelos brancos.
Vermelho-amarelo-roxo, requeimado...
E o pólen dos pendões fertilizando...
Uma fragrância quente, sexual
invade num espasmo o milharal.

A boneca fecundada vira espiga.
Amortece a grande exaltação.
Já não importam as verdes cabeleiras rebeladas.
A espiga cheia salta da haste.
O pendão fálico vira ressecado, esmorecido,
no sagrado rito da fecundação.

Tons maduros de amarelo.
Tudo se volta para a terra-mãe.
O tronco seco é um suporte, agora,
onde o feijão verde trança, enrama, enflora.

Montes de milho novo, esquecidos,
marcando claros no verde que domina a roça.
Bandeiras perdidas na fartura das colheitas.
Bandeiras largadas, restolhadas.
E os bandos de passo-pretos galhofeiros
gritam e cantam na respiga das palhadas.

"Não andeis a respigar" – diz o preceito bíblico.
O grão que cai é o direito da terra.
A espiga perdida – pertence às aves
que têm seus ninhos e filhotes a cuidar.

Basta para ti, lavrador,
o monte alto e a tulha cheia.
Deixa a respiga para os que não plantam nem colhem.
– O pobrezinho que passa.
– Os bichos da terra e os pássaros do céu.

ODE ÀS MULETAS

Muletas novas, prateadas e reluzentes.
Apoio singelo e poderoso
de quem perdeu a integridade
de uma ossatura intacta,
invicta em anos de andanças domésticas.
Muletas de quem delas careceu
depois de ter vencido longo
tempo e de ter dado voltas ao mundo
sem deixar a sua casa.

Andarilha que fui
de boas tíbias e justo fêmur,
jamais reumáticos.
Um dia o inesperado trambolhão,
escada abaixo.
[...]

Muletas utilíssimas!...
Pudesse a velha musa
vos cantar melhor!...
Eu as venero em humilde gratidão.
Leves e verticais. Jamais sofisticadas.
Seguras nos seus calços
de borracha escura.
Nenhum enfeite ou sortilégio.
Fidelíssimas na sua magnânima
utilidade de ajudar a novos passos.
Um dia as porei de parte,
reverente e agradecida.

Seja de uma grande bênção
aquele que as criou
em hora sagrada. Inspiração do alto.

Vieram vindo devagarinho. Transformações
várias através dos séculos.
Foi bastão primeiro do indigente,
desvalido, encanecido, peregrino
em distantes romarias.
Varapau do serrano em agrestes serranias.
Bordão de frade penitente, mendicante.
Menestrel em tempos idos
tateando incertos passos.
Rapsodos descantando
romanças e baladas
pelos burgos, castelos, castelanias.
Cajado patriarcal de pastores,
santos e profetas.
Vara simbólica de autoridades
em remotas eras.

Subiu a dignidade eclesiástica
e foi o báculo episcopal.

Entrou no convívio social.
Bengala moderna, urbana, requinte
e complemento da juventude.
Estética e estilística dos moços.

Bengalão respeitável dos velhos,
encastoado em prata e ouro,
iniciais gravadas,
acrescentava algo ao ancião – respeito, veneração
aos seus passos tardos.

Bengala de estoque...
arma traiçoeira do malandro
e do sicário.
Bengalas de junco, de prata,
de marfim e de unicórnio...
encastoadas em ouro e pedras finas.

Subiu e galgou. Uso e desuso.
Modificada, acertada à necessidade humana
reaparece, amparo e proteção.
Transformação técnica
– muletas ortopédicas.

Do primitivo bordão
à sua excelsa utilidade
e ao seu préstimo constante
e inexcedível,
eu as canto numa ode de imensa gratidão.

Bengala branca sem igual!
Quem não as viu um dia
sobrelevando a multidão
e deixou de atender ao seu sinal!...

Alçada pelo cego, ela faz
parar o trânsito
e atravessa incólume
ruas e avenidas das cidades
grandes num consenso
dignificante de beleza universal,
estabelecido pelos povos
civilizados na Convenção Internacional
de Proteção e Direito dos Cegos
de todo o mundo.
Mais do que as muletas
que nos dão apoio,
eu me curvo reverente ante
a bengala branca do cego
que é a própria luz de seus olhos mortos
em meio à multidão
vidente.

O CÂNTICO DA TERRA

Hino do lavrador

Eu sou a terra, eu sou a vida.
Do meu barro primeiro veio o homem.
De mim veio a mulher e veio o amor.
Veio a árvore, veio a fonte.
Vem o fruto e vem a flor.

Eu sou a fonte original de toda vida.
Sou o chão que se prende à tua casa.
Sou a telha da coberta de teu lar.
A mina constante de teu poço.
Sou a espiga generosa de teu gado
e certeza tranquila ao teu esforço.
Sou a razão de tua vida.
De mim vieste pela mão do Criador,
e a mim tu voltarás no fim da lida.
Só em mim acharás descanso e Paz.

Eu sou a grande Mãe universal.
Tua filha, tua noiva e desposada.
A mulher e o ventre que fecundas.
Sou a gleba, a gestação, eu sou o amor.

A ti, ó lavrador, tudo quanto é meu.
Teu arado, tua foice, teu machado.
O berço pequenino de teu filho.
O algodão de tua veste
e o pão de tua casa.

E um dia bem distante
a mim tu voltarás.
E no canteiro materno de meu seio
tranquilo dormirás.

Estribilho
Plantemos a roça.
Lavremos a gleba.
Cuidemos do ninho,
do gado e da tulha.
Fartura teremos
e donos de sítio
felizes seremos.

A FLOR

Na haste
hierática e vertical
pompeia.
Sobe para a luz e para o alto
a flor...

                                                              Ainda não.

Veio de longe.
Muda viajeira
dentro de um plástico esquecida.
Nem cuidados dei
à grande e rude matriz fecundada.
Apanhada num monte de entulho de lixeira.

"Cebola brava" na botânica
sapiente de seu Vicente.
Oitenta e alguns avos de enxada e terra.
Sabedoria agra.
Afilhado do Padim Cícero.
Menosprezo pelas "flores":
"De que val'isso?"
Displicente, exato, irredutível.

E eu, meu Deus,
extasiada,
vendo, sentindo e acompanhando,
fremente,
aquela inesperada gestação.

— Um bulbo, tubérculo, célula
de vida rejeitada, levada na hora certa
à maternidade da terra.

                                                              A Flor...

Ainda não.
Espátula. Botão
hígido, encerrado, hermético,
inviolado
no seu mistério.
Tenro vegetal, túmido de seiva.
Promessa, encantamento.
Folhas longas, espalmadas.
Espadins verdes
montando guarda.

                                                                         Da Flor...

A expectativa, o medo.
Aquele caule frágil
ser quebrado no escuro da noite.
O vento, a chuva, o granizo.
A irreverência gosmenta
de um verme rastejante.
O imprevisto atentado
de alheia mão
consciente ou não.

Alerta. Insone.
Madrugadora.

Na manhã malnascida,
toda em rendas cor-de-rosa,
túrgida de luz,
ao sol rascante do meio-dia.
No silêncio serenado da noite
eu, partejando o nascer da flor,
que ali vem na clausura
uterina de um botão.
Romboide.

                                                       Para a Flor...

Chamei a tantos...
Indiferentes, alheios,
ninguém sentiu comigo
o mistério daquela liturgia floral.
Encerrada na custódia do botão,
ela se enfeita para os esponsais do sol.
Ela se penteia, se veste nupcial
para o esplendor de sua efêmera
vida vegetal.

Na minha aflita vigília
pergunto:
– De que cor será a flor?

Chamo e conclamo de alheias distâncias
alheias sensibilidades.
Ninguém responde.
Ninguém sente comigo
aquele ministério oculto
aquele sortilégio a se quebrar.

                              Afinal a Flor...

Do conúbio místico da terra e do sol
– a eclosão. Quatro lírios
semiabertos,
apontando os pontos cardeais
no ápice da haste.
Vara florida de castidade santa.
Cetro heráldico. Emblema litúrgico
de algum príncipe profeta bíblico
egresso das páginas sagradas
do Livro dos Reis ou do Habacuc.

E foi assim que eu vi a flor.

RIO VERMELHO

I
Tenho um rio que fala em murmúrios.
Tenho um rio poluído.
Tenho um rio debaixo das janelas
da Casa Velha da Ponte.
                    Meu Rio Vermelho.

II
Águas da minha sede...
Meus longos anos de ausência
identificados no retorno:
Rio Vermelho – Aninha.
Meus sapos cantantes...
Eróticos, chamando, apelando,
cobrindo suas gias.
Seus girinos – pretinhos, pequeninos,
inquietos no tempo do amor.
Sinfonia, coral, cantoria.
                    Meu Rio Vermelho.

III
Debaixo das janelas tenho um rio
correndo desde quando?...
Lavando pedras, levando areias.
Desde quando?...
Aninha nascia, crescia, sonhava.

IV
Água – pedra.
Eternidades irmanadas.
Tumulto – torrente.
Estática – silenciosa.
O paciente deslizar,

o chorinho a lacrimejar
sutil, dúctil
na pedra, na terra.
Duas perenidades –
sobreviventes
no tempo.
Lado a lado – conviventes,
diferentes, juntas, separadas.
Coniventes.
                              Meu Rio Vermelho.

V

Meu Rio Vermelho é longínqua
manhã de agosto.
Rio de uma infância mal-amada.
Meus barquinhos de papel
onde navegavam meus sonhos;
sonhos navegantes de um barco:
pescadora, sonhadora
do peixe-homem.

VI

Um dia caiu na rede
meu peixe-homem...
todo de escamas luzidias,
todo feito de espinhos e espinhas.

VII

Rio Vermelho, líquido amniótico
onde cresceu da minha poesia, o feto,
feita de pedras e cascalhos.
Água lustral que batizou de novo meus cabelos brancos.

HUMILDADE

Senhor, fazei com que eu aceite
minha pobreza tal como sempre foi.

Que não sinta o que não tenho.
Não lamente o que podia ter
e se perdeu por caminhos errados
e nunca mais voltou.

Dai, Senhor, que minha humildade
seja como a chuva desejada
caindo mansa,
longa noite escura,
numa terra sedenta
e num telhado velho.

Que eu possa agradecer a Vós,
minha cama estreita,
minhas coisinhas pobres,
minha casa de chão,
pedras e tábuas remontadas.
E ter sempre um feixe de lenha
debaixo do meu fogão de taipa,
e acender, eu mesma,
o fogo alegre da minha casa
na manhã de um novo dia que começa.

PÃO-PAZ

O Pão chega pela manhã em nossa casa.
Traz um resto de madrugada.
Cheiro de forno aquecido, de lêvedo e de lenha queimada.
Traz as mãos rudes do trabalhador e a Paz dos campos cheios.
Vem numa veste pobre de papel. Por que não o receber
numa toalha de linho puro e com as mãos juntas
em prece e gratidão?

Para fazê-lo assim tão fácil e de fácil entrega,
homens laboriosos de países distantes
e de fala diferente trabalharam a terra, reviraram,
sulcaram, gradearam, revolveram, oxigenaram e lançaram a semente.

A semente levava o seu núcleo de vida. O sol, a umidade
o sereno, o calor e a noite tomaram dela, e fez-se o milagre da germinação.
O campo se tornou verde em flor, e veio junto o joio,
convivente, excrescente,
já vigente nas parábolas do Evangelho.
O trigal amadureceu e entoou seu cântico de vida
num coral de vozes vegetais.

Venham... venham... venham...
E vieram os ceifeiros e cortaram o trigo,
e arrancaram e queimaram o joio.

Cortaram e ajuntaram os feixes.
Malharam e ensacaram o grão.
E os grandes barcos graneleiros o levaram
por caminhos oceânicos a países diferentes
e a gentes de fala estranha.

Foi transportado aos moinhos.
As engrenagens moeram, desintegraram.

Separaram o glúten escuro, o próprio e pequenino coração
do trigo até as alvuras do amido
de que se faz o pão alvo universal.

Transformaram a semente dourada
num polvilhamento branco de leite, que é levado
às masseiras e cilindros
onde os padeiros de batas e gorros brancos
ensejam, elaboram e levedam a massa.
Cortam, recortam, enformam, desenformam
e distribuem pelas casas,
enquanto a cidade dorme.

O Padeiro é o ponteiro das horas, é o vigia do forno
quando a cidade se aquieta e ressona.
É o operário modesto, tranquilo e consciente
da noite silenciosa e da cidade adormecida.
É mestre e dá uma lição
de trabalho confiante e generoso.

Pela manhã a padaria aberta, recendente,
é a festa alegre das ruas e dos bairros.
Devia ter feixes de trigo enfeitando suas portas.

É por esse caminho tão largo, tão longo,
tão distante e deslembrado que o pão vem à nossa casa.
Ele chega cantando, ele chega rezando
e traz consigo uma bandeira branca de seis letras: Pão-Paz.

Haverá sempre esperança de paz na Terra
enquanto houver um semeador semeando trigo
e um padeiro amassando e cozendo o pão,
enquanto houver a terra lavrada e o
eterno e obscuro labor pacífico do homem,
numa contínua permuta amistosa dos campos e das cidades.

Para chegar à nossa casa em ritmo de rotina,
o Pão fez sua longa caminhada na terra e nos mares.
Passou de mão em mão
como uma grande bênção de gerações pretéritas.
Pela sua presença fácil em todas as mesas,
eu vos dou graças, meu Deus.

Graças pela hóstia consagrada
que é Pão e Vida.
Pão de reconciliação do Criador com o pecador
recebido na hora extrema.

Fazei, Senhor, com que as sobras das mesas fartas
sejam levadas em vosso nome àqueles que nada têm
e que a códea largada na abundância
nunca seja lançada com desprezo.
Haverá sempre uma boca faminta à sua espera.
Graças, Senhor, pelo primeiro semeador
que lançou a primeira semente na terra
e pelo homem que amassou, levedou e cozeu o primeiro pão.
Graças, meu Deus, por essa bandeira branca de Paz
que traz a certeza do pão.
Graças pelas mil vezes que os Livros Santos
escrevem e confirmam
a palavra generosa e suave: Pão.

Havia um partir de pão em casa de Onesíforo
quando Paulo ali entrou com seus amigos.

BÚZIO NOVO

Flabelam ao vento
grandes bandeiras
das folhas verdes
das bananeiras.

Alteiam colunas
de plantas novas
ferruginosas.
Pendem de lado
compridas folhas
dilaceradas.
Dormem na terra
os velhos troncos
já decepados.

Flabelam ao vento
novas bandeiras
das folhas longas
das bananeiras.

Vigília nova de Natal.
É o advento no bananal
e aponta o búzio.

Búzio Novo misterioso
cor de ametista episcopal.
Roxo da túnica do Senhor dos Passos.
Canto religioso de dia-santo.
Epifania no bananal.

Vêm as abelhas. Vêm borboletas
trazem as ofertas do ritual:
pólen e mel.
Para o conúbio nupcial.

Búzio Novo no topo alto.
Entre bandeiras de folhas verdes.
Vai já despindo sua dalmática
de gorgorão roxo episcopal.
Vai descobrindo ronda de musas
circulares
coroadas de flores sexuais.

Flabelam ao vento
verdes bandeiras
na festa nova
do Búzio Novo
das bananeiras.
Vêm as abelhas.
Vêm beija-flores.
Trazem oferendas
de pólen de ouro.

Liturgia de dia-santo.
Canto perdido, nupcial.

Há um espasmo no bananal.

A GLEBA ME TRANSFIGURA

Sinto que sou a abelha no seu artesanato.
Meus versos têm cheiro dos matos, dos bois e dos currais.
Eu vivo no terreiro dos sítios e das fazendas primitivas.
Amo a terra de um místico amor consagrado, num esponsal sublimado,
procriador e fecundo.
Sinto seus trabalhadores rudes e obscuros,
suas aspirações inalcançadas, apreensões e desenganos.
Plantei e colhi pelas suas mãos calosas e tão mal remuneradas.
Participamos receosos do sol e da chuva em desencontro,
nas lavouras carecidas.
Acompanhamos atentos, trovões longínquos e o riscar
de relâmpagos no escuro da noite, irmanados no regozijo
das formações escuras e pejadas no espaço
e o refrigério da chuva nas roças plantadas, nos pastos maduros
e nas cabeceiras das aguadas.
Minha identificação profunda e amorosa
com a terra e com os que nela trabalham.
A gleba me transfigura. Dentro da gleba,
ouvindo o mugido da vacada, o mééé dos bezerros,
o roncar e focinhar dos porcos, o cantar dos galos,
o cacarejar das poedeiras, o latir dos cães,
eu me identifico.
Sou árvore, sou tronco, sou raiz, sou folha,
sou graveto, sou mato, sou paiol
e sou a velha tulha de barro.
Pela minha voz cantam todos os pássaros, piam as cobras
e coaxam as rãs, mugem todas as boiadas que vão pelas estradas.
Sou a espiga e o grão que retornam à terra.
Minha pena (esferográfica) é a enxada que vai cavando,
é o arado milenário que sulca.
Meus versos têm relances de enxada, gume de foice e peso de machado.
Cheiro de currais e gosto de terra.

Eu me procuro no passado.
Procuro a mulher sitiante, neta de sesmeiros.
Procuro Aninha, a inzoneira que conversava com as formigas,
e seu comadrio com o ninho das rolinhas.
Onde está Aninha, a inzoneira,
menina do banco das mais atrasadas da escola de Mestra Silvina...
Onde ficaram os bancos e as velhas cartilhas da minha escola primária?
Minha mestra... Minha mestra... beijo-lhe as mãos,
tão pobre!...
Meus velhos colegas, um a um foram partindo, raleando a fileira...
Aninha, a sobrevivente, sua escrita pesada, assentada
nas pedras da nossa cidade...

Amo a terra de um velho amor consagrado
através de gerações de avós rústicos, encartados
nas minas e na terra latifundiária, sesmeiros.
A gleba está dentro de mim. Eu sou a terra.
Identificada com seus homens rudes e obscuros,
enxadeiros, machadeiros e boiadeiros, peões e moradores.
Seus trabalhos rotineiros, suas limitadas aspirações.
Partilhei com eles de esperança e desenganos.

Juntos, rezamos pela chuva e pelo sol.
Assuntamos de um trovão longínquo, de um fuzilar
de relâmpagos, de um sol fulgurante e desesperador,
abatendo as lavouras carecidas.
Festejamos a formação no espaço de grandes nuvens escuras
e pejadas para a salvação das lavouras a se perderem.
Plantei pelas suas enxadas e suas mãos calosas.
Colhi pelo seu esforço e constância.

Minha identificação com a gleba e com a sua gente.
Mulher da roça eu o sou. Mulher operária, doceira,
abelha no seu artesanato, boa cozinheira, boa lavadeira.
A gleba me transfigura, sou semente, sou pedra.
Pela minha voz cantam todos os pássaros do mundo.

Sou a cigarra cantadeira de um longo estio que se chama Vida.
Sou a formiga incansável, diligente, compondo seus abastos.
Em mim a planta renasce e floresce, sementeia e sobrevive.
Sou a espiga e o grão fecundo que retornam à terra.
Minha pena é a enxada do plantador, é o arado que vai sulcando
para a colheita das gerações.
Eu sou o velho paiol e a velha tulha roceira.
Eu sou a terra milenária, eu venho de milênios.
Eu sou a mulher mais antiga do mundo, plantada e fecundada
no ventre escuro da terra.

A FALA DE ANINHA
(É ABRIL...)

É abril na minha cidade.
É abril no mundo inteiro.
Sobe da terra tranquila um estímulo de vida e paz.
Um docel muito azul e muito alto cobre os reinos de Goiás.
Um sol de ouro novo vai virando e fugindo a longínquas partes do mundo.
Desaguaram em março as últimas chuvadas do verão passado.

É festa alegre das colheitas.
Colhem-se as lavouras.
Quebra-se o milho maduro.
Bate-se o feijão,
já se cortou e se empilhou o arroz das roças.
As máquinas beneficiam o novo
e as panelas cozinham depressa o feijão novo e gostoso.
A abundância das lavouras são carreadas para depósitos e mercados.
Encostam-se nas máquinas os caminhões em carga completa.
Homens fortes, morenos, de dorso nu e reluzente,
descarregam e empilham a sacaria pesada.
Fecham-se quarteirões de ruas para a secagem de grãos
que secadores já não comportam.
Gira o capital, liquida-se nos bancos, paga-se no comércio.
As lojas faturam alto. É um abril de bênçãos e aleluias
e cantam nas madrugadas todos os galos do mundo.
Os pássaros, os bichos se fartam nas sobras do que vai perdido
pelas roças. Respigam aqueles que não plantam nem colhem
e têm direito às sobras dos que plantam e colhem.
Mulheres e crianças estão afoitas dentro das lavouras, brancas,
de algodão aberto, colhendo e ensacando os capulhos de neve.
Sobe dos currais serenados a evaporação acre do esterco e da urina
deixados pelos animais de custeio.

O leite transborda dos latões no rumo das cooperativas.
Borboletas amarelas voam sobre o rio.
E um sobrevivente bem-te-vi lança seu desafio
pousado nas palmas dos coqueiros altos.
É abril no mundo inteiro. Os paióis estão acalculados.
As tulhas derramando. Mulheres e crianças de sítio vestem roupa nova.
E a vida se renova na força contagiante do trabalho.
Um sentido de fartura abençoa os reinos da minha cidade.

DE ANINHA A CORA CORALINA: TRAÇOS BIOGRÁFICOS

Cora Coralina descende de "sesmeiros" (ou proprietários de sesmarias), como registra em sua poesia. Seu abastado trisavô arrematou, em leilão público, terras pertencentes a fidalgos portugueses (entre os quais o 3º capitão-general da Capitania de Goiás), que se haviam instalado em belas propriedades, no alto do Vale do Uru, na Capitania de Goiás. Em Portugal, aquela família de nobres teria sido acusada de responsabilidade num atentado contra a vida de D. José I. Em razão disso, o Marquês de Pombal, ministro desse rei, que esmagava qualquer resistência ao poder, persegue e executa mesmo os que puderam ser encontrados em terras distantes, como o Brasil.

O tenente-coronel João José do Couto Guimarães, trisavô materno da poetisa, homem rico e de grande projeção política, não só arremata aquelas terras, como requer também outra sesmaria[1]. Nessa outra sesmaria instala a fazenda Paraíso, cujo nome advém da beleza do lugar, fartamente registrada por Cora Coralina em sua poesia. Este, o único paraíso que ela, ainda Aninha, conheceu na infância, já na época de seu avô Joaquim Luiz do Couto Brandão. As pompas do casamento desse avô que lhe era muito caro são recriadas em seu inesquecível poema "Estória do aparelho azul-pombinho".

A poetisa, "filha de pai nascido na Paraíba do Norte/ e de mãe goiana [...]/, descendente de portugueses", tem vínculos, do lado materno, com a família de Bartolomeu Bueno da Silva, filho de Anhanguera. O nome de sua filha caçula, Vicência, é uma homenagem prestada a cinco homônimas que a precederam, sendo que a primeira delas, Vicência Pereira das Virgens, foi a mulher do segundo Anhanguera.

Anna Lins dos Guimarães Peixoto Brêtas nasceu na cidade de Goiás, a 20 de agosto de 1889, menos de três meses antes da Proclamação da República, na "Casa da Ponte". Hoje, sob o nome de Museu Casa de Cora Coralina, recebe turistas de todo o Brasil e do exterior. Naquela remota

---

[1] A notícia dessa compra encontra-se em *A mulher, a história e Goiás*, de Célia Coutinho Seixo de Britto, 2. ed. Goiânia: ed. do Autor, 1982, páginas 113 e 114, exatamente na biografia de uma das netas do tenente-coronel João José, homônima da mãe de Cora Coralina.

época, sendo propriedade de seu avô materno, essa casa colonial, construída no século XVIII, foi comprada por seu pai, o desembargador Francisco de Paula Lins dos Guimarães Peixoto, e passada à sua mãe, Jacyntha Luíza do Couto Brandão Peixoto, 43 anos mais nova do que o marido, na ocasião em que esta lhe deu a primeira de duas filhas. Ela já teria uma do primeiro casamento e viria a ter mais outra do terceiro. O desembargador morre dois meses depois do nascimento de Cora Coralina que registra, em versos pungentes, a grande falta que lhe fez o pai.

Entretanto, apesar da ilustre ascendência, Aninha viveu uma infância de menina pobre, sobretudo com a decadência da fazenda Paraíso, administrada por seu avô. Eram tempos difíceis. Depois da libertação dos escravos e da proclamação da República, o país, acostumado à mão de obra gratuita, teve de encontrar, a duras penas, outros caminhos. A classe média empobrecida, a que pertencia Aninha, tornou-se mais pobre ainda. Cora Coralina fala em fome. E, talvez por isso mesmo, tenha construído, em parte de sua obra, um canto solidário aos despossuídos e se engajado, profundamente, depois de casada, em ações sociais nas cidades do interior de São Paulo onde morou, o que teria sido causa de problemas com o marido. Sua pena esteve também a serviço dos humildes, por meio de jornais do interior paulista, sobretudo no jornal *O Democrata*, de Jaboticabal, de cujo corpo de redatores o marido fazia parte.

Sobre sua infância, Cora Coralina constrói versos autobiográficos em que nos fala fartamente dessa quadra dolorosa de sua vida em que sofreu a indiferença da mãe (viúva por três vezes e sempre fechada no universo da leitura de jornais e romances ou dos negócios); a discriminação das irmãs e a insensibilidade de adultos da família. O oásis de sua vida: sua bisavó (Mãe Iaiá), tia Nhorita e, em sua mais recuada "puerícia", mãe Didi, a ex-escrava que a "alimentou em seus seios fecundos". Sua poesia não deixa dúvidas quanto a isto. Amava também, profundamente, o seu avô meio filósofo: "O ruim está sempre abrindo passagem/ para o bom". Da mãe, afirma poeticamente: "Venci vagarosamente o desamor, a decepção de minha mãe".

Sabe-se que Cora Coralina frequentou apenas dois ou três anos de escola primária. Todavia, para quem visita sua poesia e sua prosa, o seu português, com muita frequência, impressiona pela riqueza do léxico, que mergulha nas fundas raízes arcaicas da fala ancestral aprendida de sua bisavó; pelo conhecimento detalhado da nomenclatura específica de certas áreas do saber, tal como, entre outras, a da arquitetura colonial; da linguagem jurídica, adquirida certamente no convívio com o marido; ou, até mesmo, daquela relacionada a um simples carro de bois, quando o tematiza. É a "quase analfabeta" mais culta que já se viu. Num de seus poemas, escreve: "A escola da vida me suplementou/ as deficiências da escola primária/ que outras o Destino não me deu".

Sempre sedenta de leitura e uma ávida leitora de jornais, torna-se, de fato, uma autodidata. A leitura começa muito cedo. Consta que, aos doze anos, foi morar com a mãe e as irmãs na confortável fazenda do avô, por causa das dificuldades econômicas de sua família (recorde-se de que sua mãe esteve viúva por três vezes). No poema, "O longínquo cantar do carro", a poetisa informa que sua mãe assinava e recebia o jornal *O Paiz* que vinha do Rio de Janeiro e lhe chegava à fazenda Paraíso em carro de bois, juntamente com a sua correspondência. Recebia, também, romances do Gabinete Literário Goiano e Aninha lia tudo. A poetisa, no poema mencionado, informa que foi nesse jornal que tomou gosto pela leitura e conhecimento de fatos mundiais: "O casamento de Afonso XIII com a princesa de Betenberg,/ neta da rainha Vitória [...]/ E mais todo o desenrolar da guerra russo-japonesa no/ começo deste século". Naturalmente, ela se refere à guerra de 1904 a 1905. Era apenas uma menina-moça. E o que é mais importante: Cora Coralina registra, nesse mesmo poema autobiográfico, que foi nessa época e exatamente no suplemento cultural do jornal *O Paiz*, que contava com colaboradores do porte de Carlos de Laet, Artur de Azevedo, Júlia Lopes de Almeida e Carmen Dolores, que ela publica o que chama de seus "primeiros escritinhos". Ao longo da vida, foi sempre uma pessoa bem informada. Muito mais tarde, pôde ler também o acervo do marido, que tinha o hábito de frequentar bons livros: clássicos franceses, russos e portugueses.

Consta que a primeira crônica de Cora Coralina, publicada mesmo antes de seu famoso conto "Tragédia na roça", teria sido sobre o cometa de Halley, quando ela presenciou sua fulgurante penúltima passagem entre nós. Teria saído no famoso jornal *A Rosa*, fundado em 1907, de que Cora era uma das dirigentes. De modo lastimável, perderam-se todos, ou quase todos os exemplares desse periódico. No passado, seus escritos, embora aprovados por entendidos (entre eles, seu admirador dr. Acácio), eram discriminados por muitos: "aluna atrasada de Mestra Silvina". Sua poesia foi igualmente considerada menor, até que o maior dos poetas brasileiros de então, Carlos

Drummond de Andrade, a considerasse importante. Mesmo assim, em meados da década de 1980, uma renomada universidade do Planalto Central, a mesma que um dia convidara Cora Coralina para um debate com seus alunos, considerou sua obra inconsistente para uma defesa de tese, desencorajando certa mestranda a prosseguir em seu trabalho. Logo depois, Cora Coralina, sem nenhum esforço pessoal, arrebata o Prêmio Juca Pato, disputando-o com dois ilustres intelectuais brasileiros: Teotônio Vilela e Geraldo Mello Mourão. Hoje, as teses que têm sua obra como *corpus* se multiplicam pelo país e sua lírica está sendo estudada inclusive no exterior, a exemplo do trabalho de uma professora da Universidade de Iowa, recém-publicado no Brasil, constante da bibliografia anexa sobre a autora. E, na Universidade de Brasília, há um recente movimento de valorização e divulgação de sua obra, observando-se em camisetas de estudantes, em recurso gráfico semelhante à inconfundível logotipia da Coca-Cola, uma espécie de trocadilho: Leia Cora Coralina.

A poetisa viveu 45 anos fora de Goiás. Apaixonou-se por um advogado, formado pela renomada Escola do Largo de São Francisco de São Paulo, que havia assumido o cargo de Chefe de Polícia na cidade de Goiás, dr. Cantídio Tolentino de Figueiredo Brêtas, e fascinou a jovem goiana. Quando soube que ele vinha de um primeiro casamento, o que, à época, era um dos maiores tabus, dona Jacyntha, que antes apoiava, passou a fazer forte oposição ao namoro. A jovem engravida e a mãe planeja mandá-la para a fazenda Paraíso, fazendo gestões para que o advogado desapareça do lugar. Cora Coralina, sem dizer nada a ninguém, praticamente arquiteta um plano de fuga e ambos deixam Goiás. Foram, segundo ela, catorze dias a cavalo até Araguari (onde a esperava na estação ferroviária sua grande e fiel amiga Leodegária de Jesus), e dois de trem para alcançarem São Paulo. Viveram nas cidades de Jaboticabal, São Paulo e Penápolis. Já viúva, Cora viveria ainda em Andradina. Tiveram seis filhos, dos quais dois morreram aos seis meses. Cora criou ainda, como sua e desde os dois anos de idade, a filha de Cantídio com uma mestiça dos índios Guajajaras que o casal levou consigo para São Paulo, naquela viagem.

Após a morte do marido, ocorrida em 1934, ela permanece no interior de São Paulo ainda por mais de 20 anos. Somente depois de exatos 45 anos fora, ela retorna a Goiás. "Foram 16 dias para ir e 45 anos para voltar. E, quando ia, já estava voltando. Voltava na pata do caranguejo: um passo para frente e dois para trás", dizia a poetisa. Publica o seu primeiro livro aos 76 anos de idade. Nonagenária, teve tempo de assistir à sua própria consagração. Entre as três dezenas de distinções que recebeu, incluem-se o Prêmio de Poesia no I Encontro da Mulher na Arte, em 1982; o título de Doutor *Honoris Causa*, outorgado pela Universidade Federal de Goiás, em 1983; o de Honra ao Mérito do Trabalho, da Presidência da República, em 1984; o troféu Juca Pato (Intelectual do Ano), concedido pela UBE e *Folha de S.Paulo*, também em 1984. Ainda em 1984, aos 95 anos de idade, Cora Coralina se torna a mais nova integrante da Academia Goiana de Letras, instituição que a dispensa da disputa por uma vaga. Passa a ocupar a cadeira número 38, cujo patrono é Bernardo Guimarães. Já ocupava, antes, na Academia Feminina de Letras e Artes de Goiás, a cadeira número 5, de que é patrona.

Morre em Goiânia, a 10 de abril de 1985. Seus restos repousam ao lado do pai, como era seu desejo, no cemitério São Miguel, da Cidade de Goiás. Quis ver, ainda em vida, a sua pedra tumular inscrita, com versos que ela própria compôs. Motivo: "Antes que alguém escreva bobagens no meu túmulo, deixo o que quero para marcar minha passagem por essa vida".

Hoje, empresta seu nome a bibliotecas, escolas, ruas, praças, prêmios literários e de cinema. O primeiro prêmio do Festival Internacional de Cinema e Vídeo Ambiental (FICA), da cidade de Goiás, leva seu nome e, até mesmo, uma flor. Um pesquisador do Instituto Agronômico de Campinas, numa ação conjunta com a Agrícola da Ilha, de Joinville, batizou um hemerocale, resultado de pesquisa, com o seu nome: *Hemerocallis* Cora Coralina. Justa homenagem a quem plantou e cultivou flores a vida inteira e chegou mesmo a comerciá-las em Jaboticabal. O jardim de sua casa, com rosas e plantas de sombra, era o orgulho do marido. Uma filha chama-se Paraguassu Amaryllis. Um nome composto fundindo uma dupla escolha: a do pai (nome indígena) e a da mãe (nome de flor).

Cora Coralina não foi uma feminista, no sentido com que se cunhou este termo. Suas entrevistas publicadas e as que estão em fitas gravadas, em instituições culturais, comprovam isto. E, igualmente, a sua própria poesia. Numa delas, exorta as mães a não deixarem seus filhos em creche. E diz: "Mulher, não te deixes castrar./ Serás um animal somente de prazer". No poema "A outra face" mostra-se, igualmente, contrária à esterilização feminina. Preocupam-na aqueles "Mestres que mestreiam as mães/ a se negarem aos filhos" e que "Estimulam o Eros". Teme ver "os antigos valores descartados", entre os quais a família e a própria virgindade. Revela-se também uma mulher conservadora, ou melhor diria, conciliadora, sobretudo no que se refere à instituição familiar. Para ela (em um debate gravado a 10 de junho de 1980, em fita cassete, pertencente ao acervo da Academia Feminina de Letras e Artes de Goiás, gentilmente cedida), "o casamento é uma garantia para os filhos e para a família, o alicerce aceito pela sociedade no passado e no presente. Por que a fuga dele?". Diz ainda: "Me perguntam: o que a senhora acha do casamento? E eu digo: a melhor coisa da vida. [...] Acredito que a grande felicidade da mulher ainda é realizada através do casamento e da maternidade. E isto vai para o futuro". Nascida no século XIX e vindo de um tempo muito duro para as mulheres, ela não entende o que mais a mulher possa desejar. Chega mesmo a fazer, nesse início da década de 1980, a apologia do homem contemporâneo. O parâmetro para julgar o tempo presente era, por certo, a face duríssima do passado longínquo que coube à poetisa viver. Usava sempre o confronto em suas argumentações.

Se ela acompanhou o homem que amava, dando a impressão de estar rompendo violentamente os padrões da época, foi porque não lhe deixaram alternativa e somente o fez para salvar o amor em que acreditava. Não quis fazer acintosa oposição à moral de ferro então vigente nem escandalizar a sociedade extremamente preconceituosa de seu tempo: seu amor ditou os seus passos. Acalentou sempre o sonho de se casar e se casou mesmo, muito mais tarde e antes de conceber a sua última filha, com o homem que amou e com quem viveu. Foi, segundo suas próprias palavras, "muito mãe de família". A sua poesia registra, de forma comovente, que os filhos foram o seu verdadeiro sustentáculo: "foram eles a rocha onde me amparei. [...] pão e água no meu deserto".

Ela era, no entanto e em certo sentido, uma mulher diferenciada. Muitos gestos de altivez e independência de pensamento marcaram sua vida. Era católica, pertencente à Ordem Terceira de São Francisco, mas sua obra revela que a doutrina não a tornou míope. Era ecumênica e seu espírito só se sentiu apaziguado, quando João XXIII fez gestões no sentido de aproximar as religiões. Disse: "Acredito que todas sejam boas, desde que tendam para o alto". E, apesar de mãe modelar, não hesitou em deixar os filhos, quando sentiu que já os havia criado e que cada um deles já havia ido "ao seu melhor destino". Doou 45 anos de sua vida aos filhos e, depois, sem sentimento de culpa, aliás com o sentimento do dever absolutamente cumprido, deixou-os e veio para

Goiás, cumprindo agora, e tão somente, o seu próprio desejo: voltar às suas raízes ancestrais. Compor o "Canto da volta". Construir, aos poucos, pacientemente e sempre "removendo pedras", a sua carreira literária.

Ela própria tinha consciência de ser uma mulher diferenciada, que sabia a exata medida das coisas. Em matéria, veiculada no *DF Letras*, citada na fortuna crítica e intitulada "Os pensamentos de Cora", flagra-se este, extraído de uma entrevista: "E depois se você pensar numa mulher que deixa os filhos para ir viver a vida dela, você tem que considerar que esta mulher tem qualquer marca um pouquinho diferente". Não é sem razão que afirma em um de seus poemas: "comando a rosa dos ventos [...] nos caminhos que tracei". E naquele debate (de junho de 1980), ela fala da "grande felicidade que [sente] hoje em viver: longe de filhos, longe de netos, longe de bisnetos". E afirma aquilo que considera a sua verdade: "Ninguém me faz falta. Ninguém. Tenho tudo! Eles longe e eu tenho tudo, como se eles presentes fossem". Fala de uma paz e de uma grande tranquilidade dentro de si e que desejava que se comunicasse a todos quantos pudessem vê-la. Diz ainda que seria isto um dom a ela comunicado pelo Espírito Santo e que Ele resume toda a sua religiosidade: "E lhe digo que o sentimento mais profundo, religiosamente falando em mim, ainda é o Divino Espírito Santo". Ele é o doador das graças e dos sete dons que ela procurou incorporar, inclusive o da sabedoria, da fortaleza, da inteligência, da caridade, "o dom da paciência e o dom maravilhoso do bom conselho".

Um notável gesto de altivez marcou, particularmente, a sua carreira literária. Em uma carta, que se encontra no acervo do Museu Casa de Cora Coralina e cuja cópia nos foi generosamente cedida, Cora Coralina dirige-se a um apresentador de televisão que a entrevistaria a propósito de sua segunda obra, *Meu livro de cordel*, e nela deixa a marca indelével de seu brio. Ela roga a ele uma leitura isenta de seu livro e destaca isto, sublinhando uma palavra: "Tenho medo, sabe de quê? Da comiseração. O livro da *velhinha*, vamos dar palmas a ela. Coitada... Digo a você, prefiro uma pedrada certeira que me quebre de vez".

De duas coisas esta mulher especial mereceria ser resguardada: de um antecipado juízo de valor negativo, como fizeram no passado, e da comiseração. Do primeiro, porque é um mesquinho preconceito. Da segunda, porque sua obra verdadeiramente a dispensa.

BIBLIOGRAFIA

1. Obras da autora

Poesia

Poemas dos becos de Goiás e estórias mais. 1. ed. Rio de Janeiro: José Olympio, 1965; 2. ed. Goiânia: Imprensa da Universidade Federal de Goiás, 1978; 3.ed. Goiânia: Editora da Universidade Federal de Goiás, 1980; 4. ed./1983 e edições subsequentes, até a 23. ed./ 2014, São Paulo: Global.
Meu livro de cordel. Goiânia: Livraria e Editora Cultura Goiana, 1976; 2. ed./1987 a 18. ed./ 2013, São Paulo: Global.
Vintém de cobre. 1. ed. a 4. ed. Goiânia: Editora da Universidade Federal de Goiás, 1983, 1984, 1985, 1987, respectivamente; 5. ed./1991 a 10. ed./2013, São Paulo: Global.

Prosa

Estórias da casa velha da ponte. 1. ed./1985 a 14. ed./ 2014, São Paulo: Global.
O tesouro da casa velha. 1. ed./1989 a 6. ed./2014, São Paulo: Global.
Villa Boa de Goyaz. 1. ed./2001 a 2. ed./2003, São Paulo: Global.

Literatura para criança

Os meninos verdes. 1. ed./1986 a 12. ed./2007, São Paulo: Global.
A moeda de ouro que o pato engoliu. 1. ed./1987 a 6. ed./2016, São Paulo: Global.
O prato azul-pombinho. 1. ed./2001 a 4. ed./2011, São Paulo: Global, 2001.
Poema do milho. 1. ed./2005 a 3. ed./2011, São Paulo: Global.
As cocadas. 1. ed. São Paulo: Global, 2007.
A menina, o cofrinho e a vovó. 1. ed. São Paulo: Global, 2009.
Contas de dividir e trinta e seis bolos. 1. ed. São Paulo: Global, 2011.
De medos e assombrações. 1. ed. São Paulo: Global, 2016.

2. Sobre a autora

Biografia

Tahan, Vicência Brêtas. *Cora coragem, Cora poesia*. 1. ed./1989 a 4. ed./2002, São Paulo: Global.

Ensaio
Ramón, Saturnino Pesquero. *Cora Coralina: o mito de Aninha*. Goiânia: Ed. da UFG; Ed. da UCG, 2003. 265 p., il.

Tese de doutorado
Delgado, Andréa Ferreira. *A invenção de Cora Coralina na batalha das memórias.* 2003. Tese (Doutorado em História) – Instituto de Filosofia e Ciências Humanas, Universidade de Campinas, 2003.

Dissertações
Vellasco, Marlene Gomes de. *A poética da reminiscência: estudos sobre Cora Coralina.* 1990. Dissertação. (Mestrado em Literatura). Faculdade de Letras da Universidade Federal de Goiás, 1990. [Inédita]

Guimarães, Solange Aparecida. *Aspectos do universo poético de Cora Coralina.* 2000. Dissertação. (Mestrado em Literatura). Faculdade de Letras da Universidade Federal de Goiás, 2000. [Inédita]

Palomares, Eliana Regina. *A narrativa de Cora Coralina em similitude com o conto popular*. 2000. Dissertação. (Mestrado em Comunicação e Letras). Universidade Presbiteriana Mackenzie, Santo André – SP, 2000. [Inédita]

Miguel, Heloísa Marques. *A poesia de Cora Coralina*. 2003. Dissertação. (Mestrado em Literatura). Faculdade de Letras da Universidade Federal de Goiás, 2003. [Inédita]

Gomes, Melissa Carvalho. *No rastro de Cora: da literatura ao desenvolvimento local, identidade e cultura com açúcar e literatura*. 2004. Dissertação. (Mestrado em Serviço Social). Pontifícia Universidade Católica do Rio de Janeiro, 2004. [Inédita]

Lima, Omar da Silva. *Cora Coralina e vozes emersas*. 2004. Dissertação. (Mestrado em Literatura). Universidade de Brasília, 2004. [Inédita]

Estudos e referências (em livros)
Alencastro, Jane. Memórias de Aninha. In: Siqueira, Ebe Maria de Lima; Camargo, Goiandira Ortiz de; Mamede, Maria Goreth F. (Orgs.) *Leitura: teorias e práticas*. Goiânia: Editora Vieira, 2003.

Almeida, Nelly Alves de. *Análises e conclusões: estudos sobre autores goianos*. Goiânia: Ed. São Paulo, 1988. 2 v.

Azevedo, Francisco F. dos Santos. *Anuário histórico, geográfico e descritivo do Estado de Goiás*. Uberaba: Livraria Século XX, 1910.

Barbosa, Maria José Somerlate [University of Iowa – USA]. A via-láctea da palavra: Adélia Prado e Cora Coralina. In: Duarte, C. L.; Eduardo, A. D.;

Bezerra, K. C. (Orgs.) *Gêneros e representação na literatura brasileira*. 2002. Pós-graduação (Letras/ Estudos Literários), UFMG, Belo Horizonte, 2002. (Col. Mulher & Literatura, 2).

Felício, Brasigóis. *Os navegantes. Goiás: dez anos de poesia*. Goiânia: Oriente, 1977.

Fernandes, José. Telurismo e cosmologia em Cora Coralina. In: _____. *Dimensões da literatura goiana*. Goiânia: Cerne, 1992.

Jubé, Antônio Geraldo Ramos. *Síntese da história literária de Goiás*. Goiânia: Oriente, 1978.

Leão, Ursulino Tavares. *Roteiro dos sentimentos da cidade de Goiás*. Goiânia: UCG (IPEHBC), 2003.

Machado, Marietta Telles. Depoimento sobre Cora Coralina [e vários artigos sobre]. In: *Coletânea*. Goiânia: Instituto Goiano do Livro/Agepel, 2000.

Olival, Moema de Castro e Silva. *O espaço da crítica II – a crônica: dimensão literária e implicações dialéticas*. Goiânia: Instituto Goiano do Livro/Agepel, 2002.

Ramos, Victor de Carvalho. *Letras goianas: esboço histórico*. Goiânia: Departamento Estadual de Cultura, 1967.

Rodrigues, Claufe; Maia, Alexandra. *100 anos de poesia: panorama da poesia brasileira no século XX*. Rio de Janeiro: O Verso Edições, 2001.

Santos, Wendel. O universo imaginário de Cora Coralina. In: _____. *Crítica sistemática*. Goiânia: Oriente, 1977.

Silva, Rita de Cássia da. Uma leitura interdisciplinar da poética de Cora Coralina. In: Siqueira, Ebe Maria de Lima; Camargo, Goiandira Ortiz de; Mamede, Maria Goreth F. (Orgs.) *Leitura: teorias e práticas*. Goiânia: Editora Vieira, 2003.

Teles, Gilberto Mendonça. *A poesia em Goiás: estudo/antologia*. 2. ed. rev. Goiânia: Ed. da UFG, 1983. (Coleção Documentos Goianos, 3). [1. ed. 1964]

_____. *Estudos goianos II: a crítica e o princípio do prazer*. Goiânia: Editora da UFG, 1995.

Teles, José Mendonça. *No santuário de Cora Coralina*. 3. ed. Goiânia: Kelps, 2003. [1. ed. 1991]

Vaz, Geraldo Coelho. *Rastro literário*. Goiânia: Ed. do Autor, 1991.

_____. *Literatura goiana: síntese histórica*. Goiânia: Kelps, 2000.

Antologias, dicionários, enciclopédia

Brasil, Assis. *A poesia goiana no século XX*. Rio de Janeiro: Imago; Goiânia: Fundação Cultural Pedro Ludovico Teixeira, 1997.

Coelho, Nelly Novaes. *Dicionário crítico de escritoras brasileiras:* (1711-2001). São Paulo: Escrituras, 2002.
Coutinho, Afrânio; Sousa, José Galante de (Org.) *Enciclopédia brasileira de literatura.* Coordenação de Graça Coutinho e Rita Moutinho. São Paulo: Global; Fundação Biblioteca Nacional/DNL; Academia Brasileira de Letras, 2002.
Flores, Hilda Agnes Hubner. *Dicionário de mulheres.* Porto Alegre: Nova Dimensão, 1999.
Leonardos, Stella. *Feitio de Goiás.* Goiânia: Ed. da UFG; Ed. da UCG, 1996.
Martins, Mário Ribeiro. *Escritores de Goiás.* Rio de Janeiro: Master, 1996.
Nascente, Gabriel. *Goiás, meio século de poesia.* Goiânia: Kelps, 1997.
Teles, José Mendonça. *Dicionário do escritor goiano.* Goiânia: Kelps, 2000.

Revistas, prefácios, orelhas, entrevistas
Andrade, Carlos Drummond de. Cora Coralina, de Goiás (prefácio). In: CORALINA, Cora. *Vintém de cobre: meias confissões de Aninha.* Goiânia: Ed. da UFG, 1984.
Arantes, Célia Siqueira. Cora agora. *Imagem Atual.* Anápolis, ano IV, n. 40, p. 31, maio de 1990.
Bertran, Paulo. Casa velha da ponte de Cora Coralina. *DF Letras*, Brasília, ano V, nº 57/58, p. 25-28, nov./dez. de 1998.
Borges, Luís Fernando Valladares. Discurso de saudação a Doutoranda Cora Coralina [pelo título de Doutor *Honoris Causa*]. *Revista Goiana de Artes*, Goiânia, v. 4, n. 2, p. 204-209, jul./dez. 1983.
Botasso, Rosalina. Cora Coralina – a vida em prosa e verso. *Família cristã*, São Paulo, set. 1984.
Bueno, Vera Americano. Viagem ao reino de Cora Coralina. *Revista da Academia Goiana de Letras*, Goiânia, n. 20, p. 21-37, jul. de 1997. [Edição comemorativa dos 58 anos da AGL].
Camargo, Goiandira de F. Ortiz de. Poesia e memória em Cora Coralina. *Signótica*. Revista da Faculdade de Letras e do Programa de Pós-Graduação em Letras e Linguística da UFG, Goiânia, v. 14, p. 75-84, jan./dez. 2002.
Cassimiro, Maria do Rosário. Discurso. *Revista Goiana de Artes*, v. 4, n. 2, p. 215-216, jul./dez. 1983. [Como Reitora da Universidade Federal de Goiás, na outorga do título de *Doutor Honoris Causa* a Cora Coralina].
_____. Discurso de posse. *Revista da Academia Goiana de Letras*, Goiânia, n. 10, p. 47-51, abr. de 1989. [Na vaga de Cora Coralina na AGL].
_____. O prodígio Cora Coralina. *Revista da Academia Goiana de Letras*, Goiânia, n. 13, p. 33-42, dez. de 1992. [Em comemoração ao centenário de nascimento da poetisa].

_____. Cora Coralina: trajetória poética. *Revista da Academia Goiana de Letras*, Goiânia, n. 20, p. 7-20, jul. de 1997. [Edição comemorativa dos 58 anos da AGL].

Castro, Sílvia Alessandri. Um privilégio e uma oportunidade. In: Coralina, Cora. *Poemas dos becos de Goiás e estórias mais*. São Paulo: Global, 1993.

Catelan, Álvaro. De pedra foi o meu berço. In: Coralina, Cora. *Meu livro de cordel*. Goiânia: Livraria e Editora Cultura Goiana, 1976.

Costa, Lena Castello Branco. Essa mulher admirável. In: Coralina, Cora. *Vintém de cobre: meias confissões de Aninha*. Goiânia: Ed. da UFG, 1984.

_____. Lição de vida. In: CORALINA, Cora. *Poemas dos becos de Goiás e estórias mais*. São Paulo: Global, 1993.

Delgado, Andréa Ferreira. Cora Coralina e a invenção de si. *Educação, subjetividade e poder* (UFRGS), Porto Alegre, v. 6, p. 42-54, 1999.

_____. Memória, trabalho e identidade: as doceiras da Cidade de Goiás. *Cadernos Pagu*, Campinas, n. 13, 1999.

_____. A rede de memórias e a invenção de Cora Coralina. In: Schmidt, Bento (Org.). *O biográfico*. Santa Cruz do Sul: Ed. da UNISC, 2000.

Fusco, Tânia. Qual a receita, Dona Cora? Muito trabalho, minha filha. Revista *Cláudia*, dez. 1983.

Gebrin, Dalva. Sou o milho: análise literária. *DF Letras*, Brasília, ano II, n. 17 a 20, p. 12-18, 1995. [Número especial pelos dez anos de morte de Cora Coralina].

Godinho, Iuri Rincón. Morre o coração vermelho. Revista *Oásis*, Goiânia, 1985.

Gomes, Rilmar José. *Imagem Atual*, Anápolis, v. 4, n. 40, p. 30, maio de 1990.

Gonçalves, Daniel Nunes. O coração dourado do Brasil. Revista *Os Caminhos da Terra*, ago. 1989.

Lacerda, Regina. Discurso de recepção a Cora Coralina. *Revista da Academia Goiana de Letras*, Goiânia, n. 8, p. 115-120, ago. 1986.

_____. Cora Coralina: homenagem póstuma. *Revista da Academia Goiana de Letras*, Goiânia, n. 10, p. 129-136, abr. de 1989.

Leão, Beto. A santa poeta não faz milagres em casa. Revista *Oásis*, Goiânia, 1989.

Machado, Marietta Telles. A palavra poética da velha guerreira. In: Coralina, Cora. *Vintém de cobre: meias confissões de Aninha*. Goiânia: Ed. da UFG, 1984.

Marques, Oswaldino. Cora Coralina, professora de existência. In: Coralina, Cora. *Poemas dos becos de Goiás e estórias mais*. Goiânia: Imprensa da Universidade Federal de Goiás, 1978. Ainda, In: *Poemas dos becos de Goiás e estórias mais*. Goiânia: Ed. da UFG, 1980.

_____. Prefácio. In: CORALINA, Cora. *Vintém de cobre: meias confissões de Aninha*. Goiânia: Editora da UFG, 1984.

_____. Cora Coralina, professora de existência. In: Coralina, Cora. *Poemas dos becos de Goiás e estórias mais*. São Paulo: Global, 1993.

_____. Cora dos goiases, professora da existência. *DF Letras*, Brasília, n. 17 a 20, p. 8-10, 1995.

Nóbrega, Chico. Coralina. Os pensamentos de Cora. *DF Letras*, Brasília, n. 17 a 20, p. 4-7, 1995.

Ramón, Saturnino Pesquero. Cora Coralina, a "meta-física" do compromisso com o quotidiano. *Revista Goiana de Artes*, Goiânia, v. 4, n. 2, jul./dez. 1983.

Ramos, J. B. Martins. Cora Brêtas – Cora Coralina. Miniaturista de mundos idos. In: Coralina, Cora. *Poemas dos becos de Goiás e estórias mais*. São Paulo: José Olympio, 1965. [Tem comparecido nas demais edições deste livro].

Ramos, Leo Borges. A inteligência não tem idade. *Fatos & fotos*, 4 jul. 1976.

Rubens, Pedro. Cora Coralina, memórias da Casa Velha da Ponte. *Casa Cláudia*, jun. 1996.

Silva, Henrique. *A informação goiana*, Rio de Janeiro, ano II, v. II, n. 7, 1919.

Vellasco, Marlene Gomes de. O eu multiplicado em Cora Coralina. *Temporis (Ação)*, Goiás, v. 1, n. 1, p. 35-48, 1997.

_____. Histórias de mulher. Revista *Vintém de Cobre*, Cidade de Goiás, n. 1, p. 27-35, 1999.

Veras, Dalila Teles. Uma voz que ficou. In: Coralina, Cora. *O tesouro da casa velha*. São Paulo: Global, 2000.

Vieira, Isabel. Goiás, que doce vila! Revista *Cláudia*, jul. 1995.

_____. Memórias da Casa Velha da Ponte. *Casa Cláudia*, jun. 1996.

Ainda:

Cora Coralina. *Anuário da Academia Feminina de Letras e Artes de Goiás/ AFLAG*, Goiânia, n. 1, p. 50, 1970.

Cora Coralina. AGI. *Imprensa em Goiás*. Depoimentos para sua história. Goiânia: Cerne, 1980.

Cora Coralina recebe o Juca Pato. Revista *UBE-AM*, Manaus, p. 1, 30 jul. 1983.

Versos como doces. *Veja*, São Paulo, p. 137-138, 19 out. 1983.

Cora Coralina. *Revista dos Amigos da Mercedes Benz*, São Paulo, n. 82, p. 26-31, 1985. [Entrevista publicada postumamente].

Mestres: Cora Coralina. *Jornal de Psicopedagogia*, Goiânia, p. 9, jul./ago. 1995.

Os pensamentos de Cora. *DF Letras*, Brasília, ano II, n. 17 a 20, p. 6-7, 1995. [Número especial sobre a autora].

O coração dourado do Brasil. Revista *Terra*, ago. 1999.

ÍNDICE

Cora dos Goiases 7

NOS REINOS DE GOIÁS

Minha cidade 27
Estória do aparelho azul-pombinho 29
O prato azul-pombinho 34
Velho sobrado 42
Do beco da Vila Rica 47
Trem de gado 57
Anhanguera 60
Coisas de Goiás: Maria 62
Coisas do reino da minha cidade 64

CANTO DE ANINHA

Minha infância 67
Moinho do tempo 72
Nasci antes do tempo 77
Lampião, Maria Bonita… e Aninha 78
Menina mal-amada 81
Mestra Silvina 86

Os aborrecimentos de Aninha 88
Ofertas de Aninha (aos moços) 92
Lembranças de Aninha (colhe dos velhos plantadores…) 93

CRIANÇA NO MEU TEMPO

Antiguidades 97
Aquela gente antiga – I 102
Aquela gente antiga – II 103
A mana 104
Criança 106
Normas de educação 107
Sequências 111
Pai e filho 112
Ontem 113
De como acabou, em Goiás, o castigo dos
cacos quebrados no pescoço 114

PARAÍSO PERDIDO

Na Fazenda Paraíso 119
"Ô de casa!" 125
Meu tio Jacinto 127
As maravilhas da Fazenda Paraíso 130
Visitas 134
O longínquo cantar do carro 137
O carreiro Anselmo 140

ENTRE PEDRAS E FLORES

Das pedras 145
Variação 146
Estas mãos 149
Errados rumos 151
Cora Coralina, quem é você? 154
A procura 158
O chamado das pedras 159
Lucros e perdas 161
Meu pai 163
Mãe Didi 164
Meu epitáfio 166
Semente e fruto 167
Aninha e suas pedras 169
Esta é a tua safra 170
Eles 171
Para o meu visitante Eduardo Melcher Filho 172
Os homens 173
Sombras 175

CANTO SOLIDÁRIO

Todas as vidas 179
Becos de Goiás 181
Mulher da vida 185

A lavadeira 189
A outra face 191
Menor abandonado 195
Pablo Neruda 198
Israel... Israel... 199
Barco sem rumo 200
Meu amigo 201
Lembranças de Aninha (os urubus) 203

CELEBRAÇÕES

Oração do milho 207
Poema do milho 209
Ode às muletas 218
O cântico da Terra 221
A flor 223
Rio Vermelho 226
Humildade 228
Pão-paz 229
Búzio novo 232
A gleba me transfigura 234
A fala de Aninha (é abril...) 237

De Aninha a Cora Coralina: traços biográficos 239
Bibliografia 247

"É um dos maiores talentos que possui Goiás; é um temperamento de verdadeira artista. Não cultiva o verso, mas conta na prosa animada tudo que o mundo tem de bom, numa linguagem fácil e harmoniosa, ao mesmo tempo elegante. É a maior escritora do nosso estado, apesar de não contar ainda vinte anos de idade."

Francisco Ferreira dos Santos Azevedo (1910)

"Assim é Cora Coralina, repito: mulher extraordinária, diamante goiano, cintilando na solidão, e que pode ser contemplado em sua pureza no livro *Poemas dos becos de Goiás e estórias mais* [...] Se há livros comovedores, este é um deles."

Carlos Drummond de Andrade (1980)

"A identificação da poetisa com os becos e vielas, antes de ser um estreitamento e um embotamento do ser e de suas aspirações, é uma forma de superar os próprios limites e de ampliar os horizontes fechados da Serra Dourada da arte e da existência."

José Fernandes (1992)

"Transfigurada pelo fogo sagrado do verbo, incendiada pela emoção poética, Cora Coralina dava a impressão de ser uma força vital, uma explosão da natureza, quando se erguia trêmula mas segura, para dizer seus versos."

José Mendonça Teles (1991)

"No estudo do real lírico em Cora Coralina, surge a necessidade de uma subdivisão: lírico-social e lírico-psicológico. Por real lírico-social, entende-se a recordação de vivências marcantes da vida exterior da poeta que interiorizadas, agora, servem como matéria do poema; por real lírico-psicológico, nomeia-se a catarse da poeta, motivada por recordações em associação. Na construção de poemas dessas duas espécies, transparece o melhor da vocação e da perícia artísticas de Cora Coralina."

Wendel Santos (1977)

"Parece um tanto exagerada a opinião do famoso professor goiano, mas Cora Coralina, desde aquela época, nunca deixou de fazer a sua literatura, passando do conto ao verso, ou melhor, ao poema-prosa, porquanto, apesar do verso livre, a sua linguagem não possui muita densidade poética, a não ser num ou noutro poema [...]. Mas é, na verdade, excelente contista."

Gilberto Mendonça Teles (1964)

"Cora Coralina – autora – prometeu algo diferente ao leitor, e cumpriu tudo [...]: histórias, lendas, tradições, sociologia, folclore de nossa terra e história, com uma delicadeza de mulher, um bom humor de mulher pura e uma nitidez de mulher sábia – miniaturista de mundos idos, que se revela – intimidades pessoais e sociais que ela assim eternizou."

J. B. Martins Ramos (1965)

"Beiradeando mais o lado da realidade do que o da linguagem, ela ensaia preferentemente a polpa de suas vivências, ou melhor dito, os dados da sua circunstância concreta. Se não inova, repoetiza – e com que convincentes poderes! – dilatados espaços brasileiros, sem deixar, por isso, de restabelecer o tráfego com a universalidade do humano."

Oswaldino Marques (1978)

"Ana Lins dos Guimarães Peixoto, sob o pseudônimo de Cora Coralina, fugiu à regra, subscrevendo, desde o princípio, trabalhos em prosa, e prosa das melhores. Seus contos, de cor local, impregnados de cenário da terra natal, num estilo forte, impressionante, fizeram época."

Victor de Carvalho Ramos (1967)

COLEÇÃO MELHORES POEMAS

Affonso Romano de Sant'anna
Seleção e prefácio de Miguel Sanches Neto

Alberto da Costa e Silva
Seleção e prefácio de André Seffrin

Alberto de Oliveira
Seleção e prefácio de Sânzio de Azevedo

Almeida Garrett
Seleção e prefácio de Izabel Leal

Alphonsus de Guimaraens
Seleção e prefácio de Alphonsus de Guimaraens Filho

Alphonsus de Guimaraens Filho
Seleção e prefácio de Afonso Henriques Neto

Alvarenga Peixoto
Seleção e prefácio de Antonio Arnoni Prado

Álvares de Azevedo
Seleção e prefácio de Antonio Candido

Álvaro Alves de Faria
Seleção e prefácio de Carlos Felipe Moisés

Antero de Quental
Seleção e prefácio de Benjamin Abdalla Junior

Armando Freitas Filho
Seleção e prefácio de Heloisa Buarque de Hollanda

Arnaldo Antunes
Seleção e prefácio de Noemi Jaffe

Augusto dos Anjos
Seleção e prefácio de José Paulo Paes

Augusto Frederico Schmidt
Seleção e prefácio de Ivan Marques

Augusto Meyer
Seleção e prefácio de Tania Franco Carvalhal

Bocage
Seleção e prefácio de Cleonice Berardinelli

Bueno de Rivera
Seleção e prefácio de Affonso Romano de Sant'Anna

Carlos Nejar
Seleção e prefácio de Léo Gilson Ribeiro

Carlos Pena Filho
Seleção e prefácio de Edilberto Coutinho

Casimiro de Abreu
Seleção e prefácio de Rubem Braga

Cassiano Ricardo
Seleção e prefácio de Luiza Franco Moreira

Castro Alves
Seleção e prefácio de Lêdo Ivo

Cecília Meireles
Seleção e prefácio de André Seffrin

Cesário Verde
Seleção e prefácio de Leyla Perrone-Moisés

Cláudio Manuel da Costa
Seleção e prefácio de Francisco Iglésias

Cora Coralina
Seleção e prefácio de Darcy França Denófrio

Cruz e Sousa
Seleção e prefácio de Flávio Aguiar

Dante Milano
Seleção e prefácio de Ivan Junqueira

Fagundes Varela
Seleção e prefácio de Antonio Carlos Secchin

Fernando Pessoa
Seleção e prefácio de Teresa Rita Lopes

Ferreira Gullar
Seleção e prefácio de Alfredo Bosi

Florbela Espanca
Seleção e prefácio de Zina Bellodi

Gilberto Mendonça Teles
Seleção e prefácio de Luiz Busatto

Gonçalves Dias
Seleção e prefácio de José Carlos Garbuglio

Gregório de Matos
Seleção e prefácio de Darcy Damasceno

Guilherme de Almeida
Seleção e prefácio de Carlos Vogt

Haroldo de Campos
Seleção e prefácio de Inês Oseki-Dépré

Henriqueta Lisboa
Seleção e prefácio de Fábio Lucas

Ivan Junqueira
Seleção e prefácio de Ricardo Thomé

João Cabral de Melo Neto
Seleção e prefácio de Antonio Carlos Secchin

Jorge de Lima
Seleção e prefácio de Gilberto Mendonça Teles

José Paulo Paes
Seleção e prefácio de Davi Arrigucci Jr.

Lêdo Ivo
Seleção e prefácio de Sergio Alves Peixoto

Lindolf Bell
Seleção e prefácio de Péricles Prade

LUÍS DE CAMÕES
Seleção e prefácio de Leodegário A. de Azevedo Filho

LUÍS DELFINO
Seleção e prefácio de Lauro Junkes

LUIZ DE MIRANDA
Seleção e prefácio de Regina Zilbermann

MACHADO DE ASSIS
Seleção e prefácio de Alexei Bueno

MANUEL BANDEIRA
Seleção e prefácio de Francisco de Assis Barbosa

MÁRIO DE ANDRADE
Seleção e prefácio de Gilda de Mello e Souza

MÁRIO DE SÁ-CARNEIRO
Seleção e prefácio de Lucila Nogueira

MÁRIO FAUSTINO
Seleção e prefácio de Benedito Nunes

MARIO QUINTANA
Seleção e prefácio de Fausto Cunha

MENOTTI DEL PICCHIA
Seleção e prefácio de Rubens Eduardo Ferreira Frias

MURILO MENDES
Seleção e prefácio de Luciana Stegagno Picchio

NAURO MACHADO
Seleção e prefácio de Hildeberto Barbosa Filho

OLAVO BILAC
Seleção e prefácio de Marisa Lajolo

PATATIVA DO ASSARÉ
Seleção e prefácio de Cláudio Portella

PAULO LEMINSKI
Seleção e prefácio de Fred Góes e Álvaro Marins

Paulo Mendes Campos
Seleção e prefácio de Humberto Werneck

Raimundo Correia
Seleção e prefácio de Telenia Hill

Raul de Leoni
Seleção e prefácio de Pedro Lyra

Ribeiro Couto
Seleção e prefácio de José Almino

Ruy Espinheira Filho
Seleção e prefácio de Sérgio Martagão

Sosígenes Costa
Seleção e prefácio de Aleilton Fonseca

Sousândrade
Seleção e prefácio de Adriano Espínola

Thiago de Mello
Seleção e prefácio de Marcos Frederico Krüger

Tomás Antônio Gonzaga
Seleção e prefácio de Alexandre Eulalio

Vicente de Carvalho
Seleção e prefácio de Cláudio Murilo Leal

Walmir Ayala
Seleção e prefácio de Marco Lucchesi